マルコ福音書を読もう

いのちの香油を注ぐ

MASUDA, Koto
増田 琴

日本キリスト教団出版局

聖書の引用には、『聖書　新共同訳』（日本聖書協会）を使用しています。

はじめに

本書は、マルコ福音書を読むときに同伴者として用いられるようにと願い、編まれました。この一冊を傍らにおいて、マルコ福音書の使信を受け取ることができるように、三四編を選び、まとめています。

コロナ禍やロシアのウクライナ軍事侵攻の中で、人間の脆さや不安が浮き彫りとなっています。マルコ福音書に記されるイエス・キリストは、二〇〇〇年前の時代状況、文化、課題の中を生き、十字架の死に至りました。マルコ福音書によって伝えられるいやし・ケア、相互的な関わり、和解、救いは、現代の社会に対する、また私たちの生き方に対しての問いかけであることに気づきます。福音書を読むことにおいてイエスの生と死、そして復活の出来事に立ち合い、自らが生きることを問い、押し出されることになるでしょう。本書がそのような福音書と現代を生きる私たちとの架け橋の一端となればと願っています。

最初の福音書

マルコ福音書は、四つの福音書の中で最初に書かれた福音書として知られています。最も短い福音書であり、書かれたギリシャ語の表現も簡潔で直截的だといわれます。イエス・キリストの福音を手渡したいとの切迫した思いの表れといってもよいかもしれません。最も大切なことを読む人に手渡したい、喜びを伝えたい、と。

福音書記者マルコは、「福音書」という形式を初めて生み出しました。福音書はイエスの伝記ではなく、冒頭の言葉にあるように「神の子イエス・キリストの福音」を証しする文書です。キリストはもともと、「油注がれた者」という意味であり、イスラエルでは王の即位において預言者らが頭に油を注ぎ、神の選びのしるしとしました。そこから「救い主」（メシア、ギリシャ語ではキリスト）を指すようになりました。

福音書の「福音」とはギリシャ語「エウアンゲリオン」の中国語訳からきています。「エウ」は「良い」、「アンゲリオン」は「知らせ」という意味です。イエスについての「良い知らせ」、あるいはイエスが宣べ伝えた「良い知らせ」を指しています。

福音書以前に文書として伝えられていたパウロの手紙は、イエスの十字架と復活を福音の内容としていますが、福音書記者マルコは、イエスの生と死、復活の全体が「神の子イエス・キリストの福音」であることを、生き生きと伝えました。

マルコ福音書の特徴

マルコ福音書では、イエスの歩む道が、ガリラヤとその周辺（1章16節〜9章50節）、エルサレムへの旅（10章1〜52節）、エルサレムの最後の日々（11〜16章）に大きく分けられます。イエスはガリラヤの出身で、弟子たちと出会い、その活動はほぼガリラヤで行われています。ガリラヤは当時、辺境の地と見られていました。他方で、エルサレムは当時の宗教的、政治的中心地であり、イエスに敵対する宗教指導者たちがいました。エルサレムでイエスは苦難のうちに十字架にかけられます。そしてイエスは復活の後、再びガリラヤへ行くと告げています。こうしたエルサレムとガリラヤの対照が際立つ構成は、この福音書の特徴です。

イエスが活動した紀元一世紀、パレスチナはローマ帝国の支配下にありました。エルサレムを中心としたユダヤ地方はローマ帝国の直轄領になっており、ローマ総督府が置かれて、ローマ軍が駐屯していた時代です。当時のユダヤ人にとって、こうした状況は耐えがたいことでした。実際、イエスの死後、ユダヤ戦争といわれる戦いの結果、エルサレムの都も神殿も完全に崩壊するに至ります（紀元七〇年）。

マルコによる福音書はこうした出来事を背景に、エルサレム崩壊前後（65〜70年ごろ）に成立したと推定されています。イエスの死後三〇数年ないし四〇年が経過し、実際にイエスを知っていた人々がいなくなる時代でした。

イエスの死後、イエスの言葉と行為は口伝で知られていきましたが、福音書記者はそれを集めて、福音書としてまとめました。マルコ福音書は危機の時代に、イエスの福音によって生きようとする人たち、教会を導き、励ましを与えて、イエスに従うようにとの願いによって生み出されました。

マルコ福音書によってイエスが語られた言葉、歩んだ道のりを共に経験していく。あるときには微笑み、小躍りし、あるときには揺さぶられ、つまずきながら。しかし、それは何より、喜びの始まりなのです。マルコは私たちをその喜びの輪の中へと招いています。

ご一緒に福音の旅へと出かけましょう。

増田　琴

目次

はじめに 3
1 福音のはじめ 1章1〜8節 11
2 あなたはわたしの愛する子 1章9〜11節 18
3 時は満ちた 1章12〜15節 25
4 和解の網 1章16〜20節 32
5 ひとりと向き合って 1章21〜28節 39
6 触れる 1章40〜45節 46
7 起き上がりなさい 2章1〜12節 53
8 安息日の真ん中に 2章23節〜3章6節 60
9 悪評の中で 3章20〜35節 67
10 花が咲くほどの幸せ 4章1〜34節 74

11　向こう岸へ　4章35～41節　81
12　踏み出す　5章21～43節　88
13　新しい関わりを創る　6章1～13節　95
14　欠けに気づいたら　6章30～44節　102
15　逆風満帆　6章45～52節　109
16　心のありか　7章1～23節　116
17　境界線の向こうに　7章24～30節　123
18　ついていこう　8章22節～9章1節　130
19　ともし火を目指して　9章2～13節　137
20　信仰のないわたしを　9章14～29節　144
21　さびしさのレッスン　9章30～37節　151
22　ああ主のひとみ　10章13～31節　158
23　ちいろば　11章1～11節　165
24　すべての国の人の祈りの家　11章12～33節　172
25　生きている者の神　12章1～40節　179

26 目覚めよ！　13章1～37節　186
27 彼女を記念して　14章1～9節　193
28 赦しの食卓　14章10～26節　200
29 最後の祈り　14章27～42節　207
30 ペトロの涙　14章43節～15章15節　214
31 荊冠の主　15章16～32節　221
32 この人は本当に神の子だった　15章33～41節　228
33 いのちの終わりはいのちの始め　15章42節～16章8節　235
34 派遣　16章9～20節　242

おわりに　250

装丁原案・桂川　潤
装丁・デザインコンビビア
装画・眞野眞理子

1　福音のはじめ

1章1〜8節

喜びの始まり

神の子イエス・キリストの福音の初め。

これから新しい出来事が始まります。マルコによる福音書の最初の言葉、それは「はじめ」です。その「はじめ」は、聖書・創世記の最初の言葉、「初めに、神は天地を創造された」を思い起こさせます。最も大切な、伝えたいことといってもよいかもしれません。神が新しいことを始められる。新しい天と地の創造が始まる、と。

マルコは私たちに呼びかけます。「イエス・キリストと共に歩むいのちが始まる。今、喜びが始まる！　ここから新しい世界へ踏み出していこう。あなたもイエスと共に歩き出そう」。

福音とは「よい知らせ」のことです。この書物が書かれた当時のローマ帝国では、戦いに勝ったときに伝令によって知らされた「福音＝よい知らせ」でした。マルコはその言葉を、世界の人々にとっての喜びの叫びとして用いました。「あなたも神に愛されている者としての生が始まる、いや、すでに始まっているのだ！」。その「よい知らせ」はイエス・キリストご自身のことです。

神の救いの業はイスラエルの歴史において示されてきました。しかし、イスラエルの民には神の姿は見えませんでした。直接神の声を聞くことはできませんでした。今や私たちに見える姿で、耳に届く声で、神の救いの業が明らかにされます。

私たちは自分から神の方へ近づこうとします。真理をつかもうとします。しかし、道は神から私たちの方へもたらされるものです。イエス・キリストは、私たちに与えられた「神へ至る道」です。神の方から、私たちに喜びが届けられます。あなたの喜びの人生の始まりは、ここにある、と。

主の道を備える

マルコによる福音書には、マタイやルカによる福音書のようなイエスの「降誕物語」はありません。マルコはイエスの出自や系図によってではなく、旧約聖書のイスラエルに対する預言の言葉から始めます。イスラエルでは民が神から離れて歩むと、預言者が神の正義と公正を訴え、悔い改めを求めました。しかし旧約の最後の預言者が去ってから、すでにその言葉が絶えて久しく、社会には格差と不正がはびこっていました。

預言者の伝統を受け継ぐ者として、洗礼者ヨハネが荒れ野に現れます。彼はらくだの毛衣を着て、腰に革の帯を締め、いなごと野蜜を食べていました。そして、罪の赦しを得させるために、悔い改めの洗礼を宣べ伝えました。洗礼者ヨハネの働きは、旧約の預言者イザヤによって伝えられます。

呼びかける声がある。
主のために、荒れ野に道を備え
わたしたちの神のために、荒れ地に広い道を通せ。（イザヤ書40章３節）

洗礼者ヨハネに委ねられたのは、「荒れ野に、主の道を備えよ」ということでした。

イスラエルの歴史において、荒れ野は約束の地へ向かう途上の地でした。安定した生活や故郷、すべてをはぎ取られて、さまようところです。イスラエルは国が滅ぼされ、破局の経験の中で荒れ野の時代を過ごしました。しかし荒れ野で、破れと渇きの中で、人は神と出会ってきました。荒れ野において、イスラエルは神の民として導かれたのです。

洗礼者ヨハネが荒れ野で訴えたのは、神との出会いを備えよということでしょう。社会の制度や祭りが整えられ、神殿で宗教儀式が行われていても、真に神と出会い、新しくされているのか、神の業を認めて受け入れているのかを問うのです。

福音は荒れ野から始まる

聖書では、荒れ野は神の言葉から離れた現実を表しています。孤独の中に放り出されて、どちらへ行けばよいのか途方に暮れてしまい、自分も隣人も信じることができない。それは私たちの人生の荒れ野なのでしょう。人のいのちや尊厳を踏みにじる力がまかり通っていくとき、そこは荒れ野となります。弱くされている人がますます弱くされていく場です。神とのつながりを見失い、憎しみや敵意が荒れ野を生み出します。

ルポライターの杉山春さんは虐待の加害者となった親への取材を続けて『児童虐待から考える――社会は家族に何を強いてきたか』（朝日新書）という著書にまとめられました。その中で指摘されているのは、虐待をする親、ネグレクトで子どもを放置して死なせてしまう親は、親としての自覚が乏しいと考えられている。実際にはむしろ親としての規範を非常に強く持っていて、その役割を果たそうとしている。けれども、人に頼りにくい成育歴や、子どもを育てる力が弱い中で離婚や失職などの変化によってその役割が果たせなくなってしまうと、周囲に助けを求めることができない。助けを求める相手がいない、あるいは公共のチャンネルにつながることができない。そうした事情が重なって、それが子どもへの虐待という形になっていくのだと。現象の表面のみを見ないよう警告しています。

そこには、私たちの社会が抱えているひずみがあります。誰しも一人でいのちを育むことはできません。課題を抱えたときにSOSを出せない社会でつながりを失ってしまい、孤立してしまう。それは決して特別なことではなく、私たちのただ中で起こっていることです。私たちは荒れ野が広がっていることを見過ごしているのです。

洗礼者ヨハネは、荒れ野において叫ぶ声となりました。それはとりなしの業です。ヨハネは普段見過ごしている社会の、人生の荒れ野に気づかせます。見えなくなっている現実をあらわにします。そのひずみや不正義から、神の方へ向き直ることを訴えました。

罪の赦しの洗礼

洗礼者ヨハネは荒れ野で罪の赦しへと招き、悔い改めを求めました。私たちは「罪」というと、犯罪なのか、道徳的な問題を抱えているのかと考えます。聖書で語られる「罪」は本来「離れる」という言葉からきています。神に愛されている本来の自分の姿から離れている姿。それが「罪」ということなのです。

「罪」という言葉は原語のギリシャ語で「的を外す」という意味でもあります。人は神に愛されているように、神を愛するようにつくられました。しかし、罪は人間から他とのつながりをむしり取り、孤独へと閉じ込めてしまいます。罪は愛してくれる隣人との関係が断たれている、その苦しみの姿です。自分自身を受け入れられず苦しみ、神への信頼をはねのけてしまう。的外れな生き方をしているのです。

そこからもう一度戻ることが「悔い改め」です。「悔い改め」は「戻る」「立ち帰る」ことです。愛されている自分を見いだして、向き直ることです。人は神の愛に触れて、自分の罪の姿に気づき、立ち帰ることができる。それは神の愛が導くものであり、悔い改めはその応答です。

「悔い改める」という言葉は日常的に使う言葉ではないので、時々「反省することですか?」と尋ねられることがあります。反省は、自分で自分の行為や言動を顧みて、これではいけないと思う。それが反省でしょう。マイナスと思えるところを改めようとします。その基準は自分自身にあります。「悔い改め」は自分の基準によるのではなく、神によって与えられるのです。

洗礼者ヨハネの呼びかけによって、ユダヤの全地方とエルサレムから人々はヨルダン川へ向かいました。洗礼者ヨハネは、洗礼によって人々を罪の赦しへ導きました。赦された者であることを知った人々は、その罪を認め、告白して公にしました。そしてヨルダン川でヨハネから洗礼を受けました。私たちは人生の荒れ野でヨハネの悔い改めの呼びかけを聞きます。荒れ野で福音と出会うためです。洗礼者ヨハネは主の道を備え、救いの先駆者となりました。「わたしよりも優れた方が、後から来られる」と宣言しました。「わたしは水であなたたちに洗礼を授けたが、その方は聖霊で洗礼をお授けになる」（8節）。

水で洗礼を受けて始まる歩みは、常に聖霊の助けが必要です。聖霊は神の力です。救いは神の力によってもたらされるからです。聖霊によって、荒れ野で帰るべき道を見いだします。

その方こそ、イエス・キリスト。「聖霊で洗礼をお授けになる」方。神のいのちそのものの中に私たちを浸し、ご自身のいのちを与えてくださる方です。旧約聖書において、救い主が聖霊を与えられることが約束されていました。

預言者イザヤは荒れ野で叫ぶ慰めの声を預言しました。荒れ野で洗礼を授けるヨハネ。そしてヨハネから洗礼を受けるイエス。それはリレーのバトンが引き渡されていくかのようです。

福音は長い間待ち望まれてきました。イエス・キリストの福音の初め。そこには長い時代の人々の祈りと苦闘があったのです。あなたもバトンを受け取っています。福音書を読み始めて、イエス・キリストの出来事に携わり始める。そこからもたらされる喜びの訪れを一緒に聞いていきましょう。

2　あなたはわたしの愛する子

1章9～11節

「私は何者なのか」

「自分史」を書いてみようと思われたことはありませんか。生まれてから今に至るまでの歩みをつづったものです。自らの歩みをたどることで、たくさんのことに気づきます。多くの人に支えられてきた感謝があります。他方で、しがらみや捕らわれてきたこともあるかもしれません。私たちは過去の積み重ねが今の自分をつくっていると考えます。過去は変えられない。だから、私はこういう人間なのだ、逃げられない、避けられない、と。

洗礼を受けるとき、神によって新たに「神に愛されている私」という信頼の土台が与えられます。そのとき、今の私の姿が過去の持つ意味を変えていきます。

新生

ガリラヤのナザレ。イエスが日常生活を送っていた故郷です。パレスチナの北方に位置しており、肥沃な耕地に恵まれていました。ガリラヤ湖畔の色どりや風、匂い、人々との関わりの中に、イエスの日常がありました。

ガリラヤ地方で生活していたのは農民・漁民がほとんどでした。農地の多くはその地に住んでいない富裕な地主のものとなり、人々は飢饉や重税にあえいでいました。それが当時パレスチナを支配していたローマへの、支配者への不満となっていました。

荒れ野で悔い改めの洗礼を授けていた洗礼者ヨハネは、既成宗教の枠にとどまらず、まことに神を礼拝するということに真剣に向き合った人でした。社会のひずみに人々の目を向けさせ、不正をただして悔い改めを求める叫びはガリラヤにも響いていました。イエスはヨルダン川へ向かい、洗礼者ヨハネによって洗礼を授けられました。

イスラエルの歴史において、水の中を通るという出来事は、奴隷となっていたエジプトから脱出した民の共通の救いの体験でした。前には葦の海が広がり、後ろからはエジプト軍が追ってくる絶体絶命の状況で、海は乾いた地に変わり、水は左右に分かれて、イスラエルの民はその中を通っていきました。

神が救い出された。それはエジプトから脱出した民が、「神の民」となるという体験でもありました。ここから、新しい歩みが始まっていきました。海の中の一本の道筋をイスラエルの人々が渡って新しい地へ導かれたように、私たちの人生も洗礼によって新たにされます。それは解放の時です。私たち自身が捕らわれていることは何か、それに気づいて、そこから解放される歩みを始めることなのです。

私たちはこの世に誕生するとき、母の胎内の羊水の中から外の世界へ生み出されます。洗礼によって水の中を通る、水の中で古い自分に死に、新しい自分になるというのは、第二の誕生です。

私の祖父は、戦時中、治安維持法によるホーリネス系教会の弾圧により、牧師権をはく奪されました。戦後、治安維持法がなくなって免訴になり、牧師として復職し、東京・荒川で開拓伝道をします。その初期の頃は、ヨルダン川ならぬ江戸川で洗礼を授けていたそうです。洗礼式が行われるのはクリスマスやイースターが多く、寒い時期です。川の中に入って、洗礼を受ける人も授ける人も文字通り命がけだったでしょう。

洗礼には全身を水に浸す浸礼、そして頭に水をかける滴礼がありますが、洗礼を受けることが本来、命がけの出来事であることに変わりはありません。

洗礼は自分の死、いのちを新たに受け止め直すことでもあります。神から与えられたいのちを自覚して生きるということが始まるのです。与えられたいのちを、時間を、賜物をどのように用いるのか。それは使命と結びついています。

連帯

「神の子イエス・キリスト」、告白すべき罪を持たない「神の子」が、なぜ洗礼を受けられたのでしょうか。ここに、この福音書の記者が、読者に最も問いたいことが込められています。

水に沈められるというこの洗礼の出来事において、イエスは人々の無力さ、絶望、嘆きを自らのものとして引き受け、救いを求める祈りを共にされました。

イエスの低みへ向かうあり方は、この洗礼という出発点において表されています。どこか高いところにいて、「私はあの人たちとは違う」とおっしゃっているのではありません。今どうにかして、このところから新しい歩みを始めたいのだと思っている。将来への道、局面を切り開きたいのだと真剣に願っている人々と共に、洗礼を受けています。その一人としてここに立っています。

神と人間の間には乗り越えることができない違いがあります。イエス・キリストは全く私たち人間の側に立たれたことによって、神と人間との間の架け橋となられたのです。

天が裂ける

イエスが「水の中から上がるとすぐ、天が裂けて〝霊〟が鳩のように御自分に降《くだ》って来る」（10節）のをご覧になりました。イエスが洗礼を受けられたことにおいて「天が裂けた」のです。これはマルコによる福音書に特有の表現です。マタイ、ルカによる福音書では同じ場面を「天が開く」と表現しています。この「天が裂ける」という言葉からは、雷鳴が響くような衝撃的な印象を受けます。

神の御心は人間には計り知れません。人々は不条理な現実の中で「神はどこにおられるのか」「神はなぜ答えてくださらないのか」と叫びました。それは、「天を裂いて、あなたの御心を示してください」という祈りでもありました。イエスが洗礼を受け、「天が裂けた」ことによって、神の御心が地に示されます。イエスの洗礼は、これから神の御心が表されていくことのしるしであり、天と地が結ばれていくということです。

この「裂ける」という言葉がもう一度出てくる場面があります。それはイエスの十字架の場面です。「神殿の垂れ幕が上から下まで真っ二つに裂けた」（15章38節）。

イエスの洗礼によって天が裂けて、神の御心が地に表されることとなりました。そして、イエスの十字架の死に際して、神殿の垂れ幕が裂けました。神殿の垂れ幕は大祭司だけが入ることを許された至聖所の幕で、神殿の聖なる所と外側を隔てていました。イエスの死において、神と人を隔てていた幕が裂けたのです。特別な人だけが神の前に立つのではなく、神の愛の前にすべての人が等しくなったということです。ここに、イエスの使命の姿が表されています。その使命は〝霊〟、神の力によって行われていきます。

あなたはわたしの愛する子

「あなたはわたしの愛する子、わたしの心に適う者」（11節）。イエスが洗礼を受けたときに天から聞こえた声です。そして私たちも、洗礼を受けることによって「あなたはわたしの愛する子、わたしの心に適う者」と語られる声を聞きます。「わたしの心に適う者」という祝福によって歩み始めます。それは天に召されるまで続きます。

私たちがこのような姿ではとても自分を認めることができないと自分を見失っているときにも、みじめな思いをかみしめているときにも、「あなたはわたしの愛する子、わたしの心に適う者」という声を聞き続けます。

新しく人生を切り開く思いで洗礼を受ける。しかしながら、自分で思い描いていたものとは違うということもあります。仕事で厳しい状況を抱えたり、人間関係に行き詰まる、健康を害する、突然の愛する者との別れ……。

洗礼を受けて祝福の内にスタートした歩みは、大きな波の中で翻弄されることがあります。否定的な状況において、もうだめなんだと、どうせ無駄なんだと私たちは考えやすいのです。神の御心はわからない、と。しかし短い間で結論を出すのではなく、神は導いてくださると信じて忍耐する、一時的に逃れる道を探しながら待つということがあるでしょう。

また、洗礼を受けることは「祈られる者」になることでもあります。共に信仰生活を送っている人たちに支えられ、祈られることで、踏みとどまるということが起こります。

イエスの洗礼は使命と結びついていました。神の救いを成し遂げるために、その生涯と十字架の死には、弟子たちも周りの人たちも受け止めることができない、不条理な現実がありました。しかしそこに「あなたはわたしの愛する子、わたしの心に適う者」という、洗礼の際に天を裂いて響いた声が、通奏低音のようにあったのではないでしょうか。

そのときには理解できない、受け止めることなど到底できなかった出来事を、弟子たちは神の御心と結び合わせて思い起こすようになりました。イエスは十字架というこの世で最も低い形で生涯を終えました。イエスは「あなたはわたしの愛する子、わたしの心に適う者」であり続けたのです。

3　時は満ちた

1章12〜15節

試練

イエスは洗礼を受けてすぐに、聖霊によって荒れ野へ送り出されました。送り出されたというより、自らの意志ではなく、神の力によって荒れ野へと追いやられたのです。祝福と使命を受けて最初に立ち向かわなければならなかったのは誘惑、試練でした。それは奇妙なことに思われますが、洗礼を受けたからこそ、試練を受けたともいえるのです。使命を与えられることは、闘いの始まりでもあるからです。

イエスが荒れ野にいた四〇日という期間は、イスラエルがエジプトから脱出して荒れ野を放浪した四〇年間をほうふつとさせます。それは一世代の期間、一人の人生の長さでもあります。イエスが荒れ野に四〇日間とどまったということは、生涯にわたって誘惑と試練、そして葛藤を経験し続けていたということでしょう。その中にあっても、洗礼を受けたことに強められて、歩み続けていたのです。

イエスは荒れ野でサタンから誘惑を受けました。サタンは神への信頼をはぎ取り、神から離れさせる力です。荒れ野はあらゆるものが不足しています。食べるものがなく、飲む水にも事欠きます。神に信頼することや待つことより、手っ取り早く満足させるものを求めたくなるでしょう。荒れ野の試練において、神が与えられる恵み、救いにのみ信頼することが問われたのです。

荒れ野は奴隷状態から自由へ、約束の地へ向かう途上でもあります。荒れ野で人は神と出会ってきました。エジプトを脱出して荒れ野を放浪していたイスラエルの民は、水を、いのちの糧を与えられました。試練の中で神の恵みは尽きることがありませんでした。

使命を持っていても、悪の方がたやすく実現されてしまう現実の前に落胆してしまうことがあります。葛藤するのは闘っている証です。私たちはそのことを軽く考えないでいたいのです。満足しきって居座っているのではなく、求め続けていこうとする者には、絶えず試練があるからです。

ヘブライ人への手紙にはこう記されています。

この大祭司（イエス：著者注）は、わたしたちの弱さに同情できない方ではなく、罪を犯されなかったが、あらゆる点において、わたしたちと同様に試練に遭われたのです。（4章15節）

荒れ野では天使たちが仕えていました。天使は試みを受けている者に寄り添う存在です。神は見放しておられるのではなく、私たちと共におられることを伝えてくれるのです。

教会によっては、洗礼を受けると教友を定める制度があります。教友は洗礼を受けた人の信仰生活を共に支える人です。一緒に祈り、道を歩む。信仰の友であり、必要な支えを与えてくれる存在です。荒れ野でイエスは試練を受けました。仕える者となるように、愛する者となるように。そしてご自身が支えられる存在であることを知るために。

現場

イエスは試練を受けた後、ガリラヤへ赴きました。イエスが活躍した時代のパレスチナはユダヤ、サマリヤ、ガリラヤの三つの地方に区分されており、全体は日本の四国くらいの大きさです。ガリラヤ地方は一番北に位置しています。

ガリラヤには紀元前八世紀にアッシリアが北イスラエルを占領して以来、多くの異邦人が住んでいました。紀元前二世紀にガリラヤに住む異邦人に対して、割礼を受けてユダヤ教徒になるか、ガリラヤ地方から退去するかという命令があり、退出した異邦人の代わりにバビロン辺りから多数のユダヤ人が入植していました。

荒れ野に囲まれたようなエルサレムとは気候も違い、ガリラヤは宗教・政治の中心地であったエルサレムから見れば、辺境の地と呼ばれていました。ガリラヤはまた、他国の侵略を受けたがゆえに、政治的なメシヤをことの外《ほか》待ち望んでいた地でもありました。人の支配が格差や差別、貧困をもたらすことを痛感していたからこそ、神の支配が来ることを待ち望んでいました。

洗礼者ヨハネは、エルサレム神殿の堕落に失望して、荒れ野で清貧の生活をすることで神に対する信仰を貫こうとしました。しかしイエスは、人々の生活から切り離された場所で、自分だけが社会の荒波から無縁なところで清く生きるという生き方を選びませんでした。むしろ、自分が生活をしているただ中で、苦境にある人々に救いをもたらそうとしたのです。

イエスと弟子たち――イエスに従う者――にとって、そして私たちにとっても、ガリラヤは日常の自分がいる現場です。重荷と課題があるところです。辺境といわれ、力のあるところから押しのけられて生きづらさを感じている一人ひとりがいる場かもしれません。イエスはその見えなくされている一人と出会い、孤独や苦しみ、寂しさを知り、共に生きるために出かけます。人の世の荒れ野でいのちを脅かす物事と向き合い、人々と豊かないのちを分かち合うことを求め、ガリラヤへ赴きます。

時は満ちた

イエスの宣教活動は「時は満ち、神の国は近づいた。悔い改めて福音を信じなさい」（15節）という宣言から始まりました。

聖書は歴史とはただ無目的に進んでいくのではなく、神が人間を救いに導いていくものであるという歴史観に立っています。その神の救いの計画の中で、神が決定的に歴史に介入する時が来たということ、それが「時が満ちる」ということです。

イエスの時代、神は長い間沈黙しているように感じられていました。旧約聖書の預言者の時代から、すでに何百年もたっていました。ローマ帝国によって支配されているユダヤはその支配にあえぎ、貧しい人々の苦しみは増すばかりでした。しかし、神は顧みてくださらない。神の国、神の支配はあまりにも遠く、自分たちには届かない、そういう嘆きに覆われていました。そのような中で、イエスは「時は満ちた」と宣言されました。

「神の国」とは、神が支配されるということです。かつてイスラエルの国は新バビロニア帝国によって滅ぼされ、主だった人たちがバビロンへ強制連行されました。その後も他国の支配を受け、今またローマの支配を受け、ユダヤの王たちにも散々苦しめられた人々にとって、神が支配されるということは、最も待ち望む救いでした。

救いの時が来た、神の支配が満ちる時が来ている。その「時」は人の目から見れば「危機の時」でした。洗礼者ヨハネが捕らえられます。為政者ヘロデの手に引き渡されています。しかし、神はその時を救いの時とされる、それが「今」なのだと呼びかけられるのです。

「今」というこの時は、過去に意味を与えます。私たちは過去は取り返すことができないものだと思って後悔します。くよくよしたり、心悩ませることが多いものです。しかし、聖書は私たちが「今」という時を神に与えられた決定的な時として生きるとき、過去をよみがえらせることができるというのです。

福音書そのものが、いわば過去の再創造だということができるでしょう。弟子たちはイエスと共に過ごしていた間、救い主としてのあり方を理解していたわけではありませんでした。十字架と復活を経験した後に初めて、神の救いの計画を知ることとなりました。

そして、福音書記者マルコの教会は、福音書を書き記すということを通じて、「イエス・キリスト」と共に生きていたことを描き直します。過去を再創造しているのです。

福音を信じなさい

イエスに従っていく「悔い改め」とは、ギリシャ語で「メタノイア」の訳です。本田哲郎神父は、その言葉を著書の中で「低みに立って見なおす」と訳しておられます（『小さくされた人々のための福音　上――マタイ・マルコによる福音書』新世社）。メタノイアに対応するヘブライ語は「ニッハム」という単語で、「痛み、苦しみを共感・共有する」という意味です。イエスは痛み、苦しんでいる人の視座から見るようにと言われるのです。そのように見直すとき、むしろそこに神のまなざしが注がれていることを見いだすことでしょう。

イエスは神から見放されたと感じていた人々、希望を失っている一人ひとりに、もう一度神の方へ向き直ることができるように近づきます。そして神の愛に立ち帰り、生き方を変えて生活全体を新しい方向に向けようと語りかけます。

信じることは信頼することです。信じて、自分を委ねていくのです。

イエスは呼びかけています。「神は私たちを救うために近づいておられる。その時が今だ。絶望やあきらめから、もう一度神に目を向けてごらんなさい。私の言葉に信頼して、共に歩むものとなりなさい」と。

ここから出かけていきましょう。

私たちのガリラヤには課題と試練が待っているかもしれません。けれども、神の国の福音が私たちに希望を与え続けることに信頼して、ここから歩み始めましょう。

4　和解の網

1章16〜20節

呼びかけ

ある新聞で「探嗅」というエッセーが連載されていました。匂いを探すとでもいうのでしょうか。匂い、香り、臭さは視覚、聴覚に比べると多く語られることはないのですが、深く記憶と結びついている感覚だといわれます。その新聞の連載で、「海の匂いのお母さん」という歌を取り上げていました。「海の匂いがしみこんだ　太い毛糸のちゃんちゃんこ」と歌詞にあるように、七〇代になっても海にもぐって漁をしていた母を思い起こした歌です。実際に経験してみないと説明ではわかりづらいのも匂いです。

イエスがガリラヤ湖のほとりを歩いているとき、シモンとシモンの兄弟アンデレが、湖で網を打っているのをご覧になりました。このシモンは、後に「ペトロ」（岩）という名をつけられた人です。ガリラヤ湖は、田園や丘に囲まれ、青々とした水をたたえた美しい湖です。イエスが漁師たちに出会ったのは、湖の北西の方、七つの泉と呼ばれるところで、泉が湧き出て、清水がガリラヤ湖に流れ込んでいるところでした。魚がたくさん集まり、漁の穴場のような場所。漁師たちがよく出かけていったところだといわれています。

現代でもこの地方の漁師たちは、投げ網を湖面いっぱいに広げるように投げ、泳いでいる魚が網にからまったところを捕らえる、という方法で漁をしています。そこでイエスは「わたしについて来なさい。人間をとる漁師にしよう」（17節）と語りかけられました。

シモンたちは毎日、汗と魚の匂いにまみれて働いていました。呼びかけられたイエスの姿、声はガリラヤ湖の匂いと共に、彼らにとって終生忘れることができない出来事となりました。漁師は毎日、生き物を相手にする仕事です。魚のいのちをいただいて、自分たちも食べ、働き、生計を立てていました。湖で漁をする彼ら自身も、嵐のときなど、自分のいのちが奪われるかもしれないという経験をしたでしょう。そこで、彼らなりにいのちと死と向き合う日常を生きていたと思うのです。

いのちや死と向き合うというのは、何もどこかでドラマに仕立てられるようなことではありません。私たちが淡々と過ごしている日常生活の中にいのちや死はあり、その時々に神からの大事なメッセージをいただいています。私たちはそのことに気づかないで生活しています。しかし、シモンとアンデレ、そしてヤコブとヨハネの日常の生活にイエスのまなざしは注がれていました。

召命

イエスの呼びかけの言葉は、新共同訳聖書では「人間をとる漁師にしよう」と訳されています。もとのギリシャ語では、「とる」という言葉はありません。「人間をとる漁師」という表現は、人間を網にかけて根こそぎ捕らえるようなイメージを抱かせます。聖書協会共同訳では訳注に直訳として「人間の漁師」と記されています。

「人間の漁師」は、問題にまみれて自分の姿が見えなくなっている人の本来の姿を取り戻す働きだということができるのではないでしょうか。人間は神によって呼びかけられて、応える存在として創造されました。しかし、荒波の中で人はそのことから離れて歩み、溺れて沈みかけてしまいます。人間の漁師は、神が創られた人間の姿、人間性を取り戻す働きをする人のことです。

「召命」とは、いのちに召されると書きます。自分のいのちを用いて、人の尊厳を守る働きへ召されていくこと。それを神に与えられた務めと受け止めることです。それは一人ひとりを大切にする出会いの中で起こります。

人間が人間として生きることを手伝い、そのために語り、仕える人として、弟子たちはイエスと共に働き始めます。けれども、それは他の人のためというだけではありませんでした。弟子たち自身にとっても、自分自身が神の前にある本来の姿を取り戻していくことでした。

人間をとる漁師とは、神の国の福音に人々が招かれていることを知らせ、その喜びに共にあずかる者のことです。どんなに暗い毎日であっても、神が「今、ここ」で私たちに呼びかけておられることを知らせる働きです。

網・ネットワーク

ネット（網）という言葉は現代社会を表すキーワードの一つです。インターネットは日々の暮らしの中で、物事を検索し、購入するなど、すっかり定着しています。一方で情報の独占や支配が起こり、人々の欲望がすくい取られていきます。

イエスは一網打尽に網を打つのではなく、一人ひとりとの出会いを大切にされました。孤独の中で出会う言葉はいやしの網となるでしょう。イエスは十字架において和解の網を投げかけられました。そして、弟子たちに「わたしについて来なさい」（17節）と招かれるのです。

弟子たちはそれまでの「網を捨てて」（18節）イエスに従いました。イエスによって、新たにいやしの網、希望の網を投げかけ、荒波にあえいでいる人を生かしていくためです。

現代社会における大きな課題の一つは、ネットの利用でしょう。確かにそれは人々の欲望をすくい取っていきます。しかし一方で、支えが必要なときにお互いに助け合うこともできます。

東日本大震災が起こった二〇一一年三月一一日、東京でも大きな揺れを経験し、当時私が住んでいた巣鴨でも電車が早々と運転を止めました。巣鴨の牧師館で私が教会員の安否確認を電話でしている間に、子どもたちがツイッターなどを通じて、トイレを解放しているコンビニなどの情報が出ていることを知らせてくれました。巣鴨駅へ行ってみると、駅の前にはその晩をどこかで過ごそうとする人たちが大勢いました。教会でも何かできないかと考え、急きょ役員の方々とメールでやり取りして、教会の礼拝堂で泊っていただけるようにしました。十数人の方がその晩を過ごされました。

東日本大震災以降、災害時のボランティアなどの情報もネットで得られるようになり、多くの人たちが参加しています。現代では、ネットは知らない人同士でもつながり合うことができる手段です。

二〇二〇年から世界を覆っているコロナ禍では、人との接触が制限されることになりました。教会では礼拝や集会に集まることが困難になり、インターネットにおける礼拝や集会の配信が始まっています。

共に生きていくためのネットワークを構築すること。それはイエスに従う者たちに与えられた宣教の業のあり方なのでしょう。

繕う

　ゼベダイの子ヤコブとその兄弟ヨハネが、船の中で自分たちの網を繕っていました。「繕う」という言葉は準備する、完全にするということでもあります。荒波の中に出ていき、漁をすれば、網もほころび、人も傷つくことがあるでしょう。この二人がイエスと出会ったのは漁をしているところではなく、そのほころびを繕い、破れを縫い合わせていたときです。

　私たちの社会においても、ほころびを繕う働きは必要とされています。神が創造された世界は今、格差、貧困、差別、抑圧、暴力、戦争、混乱と破壊の中にあります。それは「被造物全体の破れ」というべき状況です。その破れを繕うように働く人や共同体を神は必要としておられます。ヤコブとヨハネへの招きは、そのことを伝えています。

　繕いの業も、イエスの呼びかけによって用いられることになりました。彼らの備えは、今度は人々に仕えるための、他の人々が主に従うための備えとなったからです。荒海を渡らなければならないときにも、苦労が報われないように思える夕べにも、そして喜びの朝も「あなたは私に従って来なさい。今からあなたは人間のための漁師となる」と呼びかけられます。

　私たちは岸辺に立つイエス・キリストに呼びかけられて、イエスと舟に乗り込みます。ここにとどまるためではありません。ここから出かけていくためです。和解の網を投げかけながら、神のいのちに共にあずかるためです。人と人、社会の中でほころびを繕う働きをするためです。

ヤコブとヨハネは父と雇い人たちを舟に残してイエスに従っていきました。これまで慣れ親しんでいた仕事や財産、築きあげてきた技術、仕事場などを後にし、家族とも別れたということです。それらは彼らにとっては、なつかしい人々との交わり、安らぎの場所でした。

イエスの招きは、弟子たちにとって人生を変える出来事でした。キリストに出会い、従っていくということが、自分にとって何にも代えられない大きな喜びになっていったのです。

弟子たちはイエスと共に歩んでいた間、イエスの言葉や業を必ずしも理解していたわけではありませんでした。マルコによる福音書では、特に弟子たちの無理解が際立っています。イエスが復活された後に初めて、弟子たちは神の子イエス・キリストの福音を受け止めることになります。そして、最初からもう一度イエスと共にある歩みを振り返ります。しかし、ここでいつも彼らを捕らえていたのは、喜びでした。イエスに呼びかけられた、その喜びが原点だったのです。

その喜びは、決して失われることがない。弟子たちは、失敗だらけの歩みを振り返りながら、それでも、イエスに呼びかけられた日のことをうれしさに震えるような思いで思い起こしたに違いありません。

5　ひとりと向き合って

1章21〜28節

憑《つ》かれた人

イエスは弟子たちに従ってくるようにと呼びかけ、宣教を始めました。最初のいやしの場となったのは、安息日の会堂です。イエスの時代、エルサレムの神殿は罪の赦しの犠牲をささげて礼拝する場であり、宗教的な中心地でした。しかし遠方に住んでいる人にとっては、何年かに一度訪れるような場所でした。

それに対して、会堂と呼ばれているシナゴーグは各地に建てられており、人々は週ごとに集いました。安息日には詩編の歌を歌い、聖書が朗読され、祈り、交わりを与えられました。生活の中心であり、人々は神を信じる者としての信仰を養い、教育を受けたのです。コミュニティセンターのような役割も果たしていました。私たちの礼拝や教会は、ユダヤ人の会堂の伝統を引き継いでいます。

イエスは安息日にカファルナウムの会堂に入り、語り始めました。そこに居合わせた人々は天地がひっくり返るほど驚きます。律法学者のようにではなく、権威ある者として教えられたからです。そこに一人の人がいました。その人は「汚《けが》れた霊にとりつかれていた」のです。この人は何か病的な症状を抱えていたわけではありません。むしろ見た目には、ごく当たり前に安息日の礼拝に集っていた一人でした。外見的に病を抱えているようには見えなかったからこそ、彼はこの場にいて、イエスが語り始めるまでは、皆と同じように礼拝に参加していたのでしょう。

「汚れた霊」（23節）は神から離れさせる力のことです。その力はすこぶる強いもので、人間を奴隷状態に閉じ込めています。「汚れた霊」は人をそれに依存させて自由を奪います。その人はいつも何かに縛り付けられていないと不安になるのです。彼は悪霊に憑かれて苦しんでいるわけですが、確かに苦しめられつつ、彼にとって居心地のよい状態なのかもしれません。

これは現代の社会の姿でもあります。神学者の小山晃佑《こやまこうすけ》牧師は著書『裂かれた神の姿』（日本基督教団出版局）の中で、聖書が語る「汚れた霊」は蓄積することに対して無批判に成長した霊だ、と語られます。神があらゆるものを与えられた主であることを忘れ、聖書が記す富める農夫（ルカによる福音書12章16節以下）のように飲食や楽しみをその最終目標とするならば、人間の精神は混乱し、肥大化するだろう、と。

彼の心に巣くっていたのは、自分のもとにすべてを集めようとする姿です。だからこそ、不満は増えるばかりで、自分が嫌になり、孤独になり、自分で自分を救おうとして、鎮めようのない不満、満たしようのないエゴに責めたてられて、自分を欺《あざむ》くのです。

「汚れた霊」はあるときには、「お前はだめな存在だ、生きている価値などない」と嫌になるほどささやきます。しかしあるときには、「お前が世界の中心で、支配する者だ」とささやきます。それは、どちらも同じ根を持っています。神に創られた者としての尊厳を見失っており、神によって祝福されていることから離れているのです。「汚れた霊」は、欲望、孤独、不安など、人間の弱いところにつけ込んで、不信仰や狂気に駆り立て、人間を崩壊させます。

正体

その人の心は、神を賛美する場である会堂からはほど遠いものでした。イエスが現れるまでは、何とかその場にいることができました。しかし、イエスの言葉によって、「汚れた霊」は姿をあらわにします。イエスの言葉が語られ、自分の本来の姿を見つめようとするとき、ただ形式的にそこに座っていることはできなかったのです。

汚れた霊は「ナザレのイエス、かまわないでくれ。我々を滅ぼしに来たのか」（24節）と叫びます。自分の内にある「神から離れている姿」に気づくとき、まるで面目がつぶれたように感じるのです。

しかし実態は、偽りの私、私たちをゆがめている醜い仮面を失うだけです。

汚れた霊はイエスの正体を知っています。そうです。荒れ野の誘惑において、イエスはすべてのものを自分のもとに集め、支配し、征服するという私たちの目には魅力的に映るあり方を退けました。それがイエスの正体です。神に祝福された姿を取り戻す力、神の聖者です。

イエスは命じます。「黙れ。この人から出て行け」(25節)。イエスは「教えた」のですが、説明の言葉を語られたのではありませんでした。むしろ、何に従って生きているのかを知らせる、縛られているものから、捕らわれているものから解放する力ある言葉です。私たちの心を照らす言葉です。人間を我に返らせ、悪から自由になって、善きことを行うことができるように、自分が愛されているように愛する者となる力を与えます。

イエスの弟子とは、イエスの言葉によって、自分という人間が覆されたと思っている人のことです。イエスの言葉は憧れであると同時に、心を引き裂くような抵抗をもたらすからです。

汚れた霊は出ていきます。しかし、それは苦しみを伴います。なぜなら人は時として、神から離れた思いであっても、これがあれば永遠に生きられるがごとき幻想の中に生きるほうが魅力があると思ってしまうからです。そういう思い込みの奴隷状態にいることから解放されることは、容易なことではありません。何倍にも膨れ上がった自分の姿から解放されることは、自分が依存しているものから脱出する道筋でもあります。

いやし

汚れた霊はその人から出ていきました。そこから神に与えられた本来の姿へ導かれていきます。いのちを喜び、人々と共に糧を分かち合い、喜びと悲しみを祈りの内に歩んでいくような生き方。大切な互いに対して、呼べば応えるような関係を築いて、その荷を自ら引き受けて歩もうとする生き方。それは救いです。私たちはもう、一人で自分を責めさいなんだり、人との比較の中で自分を小さく見積もったり、自分のもとにすべてを集めようとしなくてよいのです。私たちには、与えられたものを喜びをもって受け取り、人々と分かち合い、そして神に祝福された人生を歩むことのできる恵みがあります。

それは、誰も奪うことができない。

それは、何を失っても奪われない。

神は私たちの人生を、そのご計画の中で大切なものとして用いてくださいます。だから、私たちは自分を卑下することも傲慢になる必要もない。私の人生はかけがえのない、私にしか埋めることのできない神の国のワン・ピース、かけらなのです。

イエスは「教え始め」（21節）、そして今も「教え続けて」おられます。それは聖書を解説するとか、思想を語るということとは違います。イエスの言葉が宣べ伝えられるとき、私たちの姿が神の前に明らかにされます。裁かれるためにではありません。イエスがその傍らに立って、神に祝福されている姿に気づかせてくださるためです。

キリストへ向かって

イエスの言葉は人々に驚きをもって迎えられました。それは知識を伝える言葉ではなく、人を神の方へ導く言葉だったからです。

宗教改革者マルティン・ルターは説教者であると同時に牧会者として、多くの人々と会って話をし、手紙を書きました。それが今も残されています。友人のシュパラティンが、牧師として他者の結婚に対する誤った判断をしたのではないかという良心の責めを持っていました。ルターは「誰でも、そのような間違いを犯すものだ」などと誤った慰めを語りませんでした。

ルターは、一番大事なことは、罪が決して犯されなかったかのように語ったり、それについて語ることができなくなることではないと伝えました。そうではなくて、いわばキリストの光の中で、罪責を自覚させ、もはやそれを苦にすることなく、自分の罪責を抱えたままで、キリストへ向かって成長するようにさせることが大事だというのです。それが、私たちが「神の前に立つ」ときに語りかけられていることです。それはもはや、語るに恥ずかしいことでもなく、寛容に見逃してあげなければならない、というのでもありません。

礼拝は、私たちがもう一度「神の前に」集められることによって、自分自身の罪責と向き合うときです。同時に、自分の力でそれをなきものにしようとしたり、自分で耐えなければならないのではなく、キリストによって赦され、それをもはや苦にすることなく生きていくことができるということなのです。

現代の社会における「汚れた霊」は、人間が欲望のままにすべてを支配しようとする奔流の中で私たちを飲み込もうとします。礼拝は、キリストの福音によってその姿を知らされ、キリストの赦しの宣言の中で自らの罪を告白する。そして共に集う人々によって支えられる世界へ、神の平和、シャロームへと向き直る時なのです。

6　触れる

1章40〜45節

病を得たときに私たちはいやしを求めます。現代医学では病気や症状に対して行われるのは治癒・キュアです。同時に、病を得ている人の悩み、苦しみに寄り添う看護・ケアが大きな働きをします。「ケア」という言葉の語源は、ゴート族の「心を痛め、悲しむ」という意味の「カラ」という言葉にあるそうです。

ケアのひとつ「手当て」には文字通りの役割があります。「触れる」ことは「聴く」ことに似ていて、それは相手の様子に耳をすませること、相手の不安を感じ取ることだといわれます（『「聴く」ことの力――臨床哲学試論』鷲田清一著、阪急コミュニケーションズ）。身体に触れることは人生に触れることにもなり、それは生きる力に触れることでもあるのです。大事に思われ、気遣われていると感じられることで、人は喜びを感じます。安心して、自分の人生を歩む自信が与えられます。

触れられない痛み

私たちは、イエス・キリストがある人に触れていく姿と出会います。

重い皮膚病を患っている人がイエスのところへやってきました。「重い皮膚病」は聖書協会共同訳では「規定の病」と訳されています。それは、旧約聖書レビ記によって、祭儀的に「汚《けが》れている」と規定されていたからです。旧約聖書のレビ記13章45、46節によれば、その病であるとされた人は衣服を引き裂き、髪をたらさなければならない、口ひげを覆って、自分は「汚れている」と叫ばなければならない。宿営の外で、独り離れて住まなければならないと定められていました。律法の規定は清いものと汚れたものを区別することで神のみ旨を行おうとしました。

しかしこの重い皮膚病を患っている人は、希望を持っていました。これは本当に尊いことです。彼はイエスに近づき、ひざまずいて願います。「御心ならば、わたしを清くすることがおできになります」（40節）と。清くするということは、神の民に戻れるということです。孤独ゆえに絶望して自分の殻に閉じこもってしまうのではなく、人々の交わりの中へ、神を賛美する群れへと戻っていきたい、その望みをこの人は抱いていました。

マルコによる福音書は、それをみじめなことだとか違反だとかというのではなく、まず、人がそのように希望を抱くことをとても大切な態度であり、イエスとの出会いを招いたと伝えています。

イエスは深く憐れんだと記されます。それは「腸（はらわた）がちぎれる思いに駆られた」ということです。神は人のうめきを聞いてくださる方であり、その苦しみのために「はらわた痛む」方なのです。「憐れみ」という語は元来、「内臓／はらわた」あるいは「子宮」を意味しています。その痛みは人を生かそうとするための「産みの苦しみ」とも表されます。

そしてイエスが憐れんだというこの「憐れむ」という言葉は、他の写本では「憤慨して」となっているものもあります。これは社会に対する怒りです。このような一人を生み出している側への怒りです。イエスの怒りは、重い皮膚病を患う人を排除してきた社会に対する怒りではなかったでしょうか。イエスが、虐げられ、差別され、苦しめられている人に示した愛の行為には、それらの人々を苦しめ、切り捨てる世の中に対する怒りがあります。

「御心ならば、わたしを清くすることがおできになります」と言った重い皮膚病を患う人に対してイエスは「よろしい。清くなれ」（41節）と言われました。この「よろしい」という言葉は、ギリシャ語の原文では「私は望む」という意味です。イエス自身が「私はあなたが願っている通りに人々との交わりの中に、神を礼拝する群れの中に戻っていくことを心から望んでいる」と宣言されたのです。

いやしとは

イエスはこの一人と対面し、相手の息づかいやつらさに触れています。だからこそ、はらわたが揺り動かされるように突き動かされています。旧約聖書エレミヤ書31章20節は新共同訳では、「わたしは彼を憐れまずにはいられない」とあります。これは神がイスラエルを憐れまずにはいられないということです。文語訳聖書では、「我腸《わがはらわた》かれの為《ため》に痛む」と訳されていました。痛む神。それは社会的な位置づけとか、人間が与える価値とは全く無縁のまなざしです。神の愛する一人が見失われていることの痛みです。そしてイエスは手を伸ばして、その人に触れました。

なぜイエスはこうも頻繁に、彼がいやす人々に接触したのでしょうか。彼らの多くは病気にかかっており、非衛生的で、悪臭を放っていたに違いないのに。イエスの権威をもってすれば、魔法の杖を振り回すように遠くから効率よく、多くの人をいやすことができたでしょう。しかし、イエスはそうではない方を選びました。イエスの使命は病気に対する撲滅運動ではありません。むしろその人の全人格に対するいやしであり、彼らの幾人かはたまたま病気にかかっていたのです。

イエスはこのような一人ひとりに、イエスの愛と温かさを確かめることを望みました。いやしは愛によってもたらされるものです。愛は触れることによって伝えられるのです。

この人は清くなりました。清くなったというのは、人々の交わりの中に入っていったということです。回復されたということです。それは社会的な関係が回復され、いやされた人が迎えられる共同体があって初めて成り立つものです。ここで与えられる「いやし」はそうした社会的ないやしでもあったのではないでしょうか。

最初の宣教者

しかし、事はそれで終わったわけではありません。ここでもし聖書の記述が終わっていたなら、これは一人に対するいやしの物語であったと思います。しかしここから、まだ続きます。

イエスはこの人に対して、すぐに立ち去るようにと命じられ、そして何も話してはならない、祭司に体を見せなさいと言われます。レビ記13章17節によれば、重い皮膚病が回復したことは祭司が証明することになっているからです。

何も話してはいけない。つまり治癒という奇跡として広まることを望まれなかったイエスですが、いやされた人は大いにこのことについて語りました。

「告げる」と「言い広める」とは宣教を意味する言葉です。重い皮膚病をいやされたこの人は最初の宣教者として、祭司のところに行きます。主が憐れんでくださったことを自分の身に経験して、それを他の人々にも伝えるのです。福音は、社会的に認められた人とか、権威とかによって伝えられるものではありません。神に見いだされた一人によって伝えられるものです。

私たちはこのいやしがそこで終わっていないことを知っています。それは、この一人の人を排除してきた共同体に及びました。いやされた人は共同体に戻り、自分の経験したことを伝えることによって、神の愛を伝えたからです。

ドリアン助川さんが書かれた『あん』（ポプラ社）という小説があります。映画化もされました。ある中年の男性がどら焼きの店を一人で切り盛りしています。桜の美しい時期に、そこに高齢の女性、徳江さんがやってきて、「私をアルバイトで雇って」と言うのです。おいしくなったと評判を呼び、お客さんが並ぶようになる。けれども、手が変形している彼女が店先に出るようになって、あるうわさがたつようになります。彼女が元ハンセン病患者だ、と。うわさを聞いてか、客足が絶えてしまいます。徳江さんは店から去ります。あるとき、元店長は彼女が残した住所、ハンセン病国立療養所多磨全生園に行きます。そこで彼女の生活に触れます。彼がもう一度全生園へ行ったのは、徳江さんが亡くなった直後でした。

それは現代の私たちの社会に潜んでいる課題をあらわにしています。

前任地の巣鴨ときわ教会で、こどもの教会の夏期学校で多磨全生園へ行きました。『あん』の映画には、お会いした多磨全生園の方々も出演しておられました。

聖書で「重い皮膚病」と訳された「レプラ」は医学的にどのような疾患であったか不明であり、今日の「ハンセン病」ではありません。ハンセン病は薬により完治するようになりましたが、差別は残っています。荒井英子牧師は著書『ハンセン病とキリスト教』（岩波書店）の中で、日本ではキリスト者の医師が率先してハンセン病隔離政策を推進した事実があり、それには、これらの箇所の解釈や伝えてきたメッセージが関係しているのではないかと指摘しておられます。荒井牧師は多磨全生園内・秋津教会の牧師として、礼拝し一緒に賛美し、人々と交わり、触れていくあり方を分かち合ってこられました。

イエスが深く憐れまれたという言葉を怒りという言葉として受け止めるならば、排除し、隔離し、忘れてしまう側への激しい憤りです。イエスは、その共同体の側が見失っている者を探し出し、回復していく道筋へ導いていています。

それは、線を引いて自分を守ろうとする、私たち自身の弱さにも触れているということです。一人の人が見失われているつらさや悲しみに触れて、そのような状況を生み出していることを可視化して、その人が神に与えられたいのちを生きるようにするのです。イエスの手の温もりに触れながら。

7　起き上がりなさい

2章1～12節

以前、新聞で「弱いロボット」のことが紹介されていました。「弱いロボット」にはたとえば、「マコの手」というのがあります。「孫の手」をもじったものだと思いますが、一緒に手をつないで歩くだけ。そのロボットはごみを拾いたそうなそぶりで人間の手助けを引き出すのだそうです。ロボットがごみを拾ってくれるというのではなくて、自分ではごみを拾えないけれど、とぼとぼ歩いて、ごみを入れてもらうと軽く会釈をする。生きもののように振る舞います。

豊橋技術科学大学情報・知能工学系教授の岡田美智男さんは「『話す』という行為を考えても、人間という存在は不完全で、周囲と一つのシステムをつくり、常に調整している、その相互作用がコミュニケーションです」と朝日新聞の記事の中で語っておられます（週末版二〇一四年二月一五日）。

その著書『弱いロボット』（医学書院）は、「シリーズ ケアをひらく」の中の一冊です。福祉や介護のケアの「自立」や「依存」という常識を検証し直す手掛かりになるのではないか、と。「できないこと」「頼ること」は裏返せばプラスの価値にもなりうる。自立や自己責任という言葉が大手を振る風潮の中で、それは人間の関係性や能力ということに別の視点をもたらしています。

私たちが通常はマイナスだと考えている病や弱さの中にひそむ、力を引き出すというのでしょうか、一方的ではない関係性というものがいわれているように思います。そして、その視点は、私たちがイエスと出会う中で、経験してきたことなのではないかと思わされるのです。

屋根に穴を開けろ!

イエスはカファルナウムに帰っておられました。カファルナウムはガリラヤ湖の北西岸に位置しており、ペトロやアンデレなどイエスの最初の弟子たちの故郷でした。イエスと弟子たちはここを中心に活動していました。いやしを行なうイエスのうわさを聞いていた人々がイエスのおられる家に集まってきます。直前にペトロのしゅうとめの熱病がいやされていますが、この家はペトロのしゅうとめの家だったのではないかともいわれています。

そこに、多くの人がさまざまな距離感をもって集っています。ある人はイエスの福音を共に担う弟子として、ある人は共感をもって、ある人は野次馬根性で、ある人は批判的に。

そういうごった返した中に、一人の人が担ぎ込まれてきました。中風であったと記されています。

体にまひがあって自分では動くことができなかったのです。もしかすると、この人の「動けない」というのは、体の状態であると同時に、本当は行きたいと思っているにもかかわらず、身動きが取れない状況を指していると考えることができるかもしれません。恐れの中で、自分を縛りつける否定感の中で動けない。そういう象徴的な出来事として受け止めることもできるでしょう。

ここに、彼がいつも寝ていた寝床ごと担いできた人たちがいました。彼らは何とか、この人をイエスのところに連れて行きたいと願っていました。しかし大勢の人々に阻まれて、近寄ることができません。そこで、彼らはこの家の屋上に上がり、その屋根をはがして穴をあけて、寝ている床をつり下ろしたのです。

当時の屋根は枝で覆われた木製のはりでできていて、それを泥で固めたものだったようです。屋根に上る階段は外の壁に沿って作られていることも多かったので、そこから上っていって、泥で固められたところをはがしたのかもしれません。

一人の体にまひがある人がイエスのところに近づこうとしている、その建物の中に入ろうとしているのに大勢の人がそれをふさいでいるという状況を思い浮かべてみてください。人が多くて入れなかったという物理的な問題があるでしょう。それだけでなく、人々にはこの人が入ってくるために場所をあけようという意識がなかったのでしょう。当時、心身に障がいを持っている人は神殿の礼拝をささげる場へ入っていくことはできませんでした。神からの罰と考えられて、共同体から排除されていたのです。

現代に置き換えて考えると、この人が入っていこうとしてもアクセスできない、人が壁になっている、それは物理的な建物の問題であると同時に、人の意識の問題です。しかし、この人を連れてきた四人はイエスのもとに近づけるように、知恵と力の限りを尽くしています。

一人の人のいやしと救いは、決して一人のものではなく、そうした関わりのある人々によってもたらされ、その人たちも共にあずかるのです。

赦しといやし

イエスは「その人たちの信仰を見て」（5節）中風の人に語りかけました。その人たちとは、彼を連れてきた人たちです。

彼らの信仰とは何でしょうか。マルコによる福音書では、ここで初めて「信仰」という言葉が用いられています。それは、私たちが通常「信仰」という言葉で考えるような、神についての理解というようなものとは違うようです。むしろ、イエスならば何とかしてくれるのではないかという思い、イエスに向かっていく姿勢というようなものです。

私たちは、「信仰」の反対は「不信」「疑い」だと考えます。けれども、福音書では「信じる」ことの反対は「あきらめ」であり、「絶望」だということができるでしょう。「その人たちの信仰」とは、イエスに何とかしてもらいたいという必死の思いです。神により頼むとき、いのちへ導かれる。それが今、起こるのだ、と。一般論として知っているのではなく、生きようとする。それが「信仰」といわれています。その希望はイエスによって呼び覚まされました。彼らの中で生き生きと示されている神の恵みは、中風の人をイエスのもとへ連れていくということによって引き出されています。

イエスは中風の人に「あなたの罪は赦される」（5節）と言われました。この「赦す」という言葉は、いやすという場合にも使う言葉です。当時は、病は罪が原因であり、神からの罰だと広く信じられていました。この人自身も、そして彼を連れてきた人たちもそういう考えに支配されていたでしょう。罪によって神から断ち切られた者なのだと。

イエスは「あなたの罪は赦される」と宣言します。それは、この人を神から離れた人間だという呪縛から解放することです。

イエスは、神はあなたに目を注いで受け入れておられる、と宣言します。罪の赦しとは、私が神から愛されていること、思われている存在であることを受け入れることです。救いとは、神の無条件の愛によって愛されていることに気づくことだからです。

赦されることといやされることはつながっています。体がいやされることのみならず、神との関わりが回復します。離れているものが、もう一度赦され（受け入れられ）、もとに戻ることができる。人の全人格に及ぶものです。身体的、精神的、社会的、そして霊的な回復です。

風穴を開ける

イエスの罪の赦しの宣言は、当時の宗教的な指導者、律法学者たちにとっては許しがたいものでした。「神を冒瀆している。神おひとりのほかに、いったいだれが、罪を赦すことができるだろうか」（7節）と。これは権威に関する論争です。罪を赦すという権威は神にのみ属するものであり、律法学者たちはそれを守る立場だという強い信念がありました。マルコによる福音書は、そのような罪の赦しを与えることができるイエスこそ、「神の子イエス・キリスト」、救い主であることをはっきりと伝えているのです。

天井を破った四人が破天荒ならば、イエスの宣言は当時の宗教的な常識に風穴を開けるものでした。イエスは律法学者たちの考えを見抜き、一人の人が回復され生きることよりも自分たちの正しさを守ろうとする姿を問います。「人の子が地上で罪を赦す権威を持っていることを知らせよう」（10節）と。イエスは言葉で罪の赦しを伝えるのみならず、それを見える形で表します。

イエスは「起き上がり、床《とこ》を担いで家に帰りなさい」（11節）と言われます。私たちが「起き上がる」という言葉で連想するのは、自分の足で立つということです。聖書では、「復活」という言葉がこの「起き上がらせる」という言葉からきています。それは、自分の足で立ち上がれなかったが、立ち上がれるようになったという機能の問題をいっているのではありません。倒れていた人が立ち上がらされていく。一人の人が集いの中に回復されるという喜びの出来事です。

神からも人からも見放されていると感じて、身動きができなくなることが、私たちにもあります。孤独の中で周囲に高い壁を築き、人を寄せつけなくなってしまいます。しかし、何としてでもイエスのもとへ連れて行かなければと、天井や壁を突き破ってくれる人が、祈りがあった。だから今、聖書の言葉に出会って、支えられているのです。

絶望的な状況にあったとしても、あなたは主によって起き上がることができる、立ち上がって歩むことができる。一人で立てというのではなくて、この集いの中で共に生きていこう、主を賛美する民の一人として生きていこうという招きです。

そのために四人は用いられました。そして今も、さまざまな障壁を乗り越えて主の救いへと導こうとする務めを果たしている一人ひとりがいます。共に立ち、共に賛美するために。

8　安息日の真ん中に

2章23節〜3章6節

安息日の位置

「ユダヤ人が安息日を守ってきたのではない。安息日がユダヤ人を守ってきた」。そう語られるほど、イスラエルにとって安息日は主の民としてのアイデンティティーに関わる大切な事柄です。

安息日はヘブライ語の「シャバット」、やめる、中断するという言葉からきています。元々半遊牧民であったイスラエルの人々は、牧羊などのために完全に労働をやめることはできませんでした。ですから、七日に一度、日常の労働の中で何かをやめることにおいて、安息を守ったのです。

安息日について最も古い時代に書かれた言葉は「あなたは六日の間、あなたの仕事を行い、七日目には、仕事をやめねばならない。それは、あなたの牛やろばが休み、女奴隷の子や寄留者が元気を回復するためである」（出エジプト記23章12節）とあります。安息日の律法は人間や動物が休息して、元気を回復するためのものだったのです。

安息日は十戒の第四戒で「安息日を守ってこれを聖別せよ」と定められています。「七日目は、あなたの神、主の安息日であるから、いかなる仕事もしてはならない」（出エジプト記20章10節）。十戒の安息日規定には理由が記されています。申命記の十戒の安息日の制定語（申命記5章12～15節）は、エジプトで奴隷として強制労働に従事していたことを想起して、安息日にはイスラエルの民のみならず、男女の奴隷や家畜も休まなければならないとしました。それは労働法のない時代のいわば人権宣言ということができるでしょう。

休みがない日々は、人が何のために生きているのかを見失わせ、喜びや交わりのない生活となります。安息日は神の前に、人々との交わりの中で生きる姿を回復する、自由への定めです。安息日の遵守が厳格になるのは、イスラエルが紀元前六世紀に新バビロニア帝国によって滅ぼされ、バビロンへ捕囚されて亡国の民となるという破局の体験をした後のことです。バビロン捕囚は土地、王、神殿のすべてを失う出来事でした。その破局の体験から、イスラエルを導いてきたのが「神のことば」（律法）でした。律法はそれを守る人が神の民であることのしるしとなったのです。

その中でも、割礼（男子の赤ん坊の包皮を切り取る儀式）と安息日はユダヤ人であることのしるしとして大きな位置を占めるようになります。世界中に散らばり「離散の民」（ディアスポラ）と呼ばれても、安息日を守ることによってユダヤ人であることを確認してきたのです。

旧約聖書では安息日に律法で禁じられている仕事は耕すことと刈り入れ、あるいは火を焚くことなどです。律法学者たちは、人々が律法を守って生活するように、律法を解釈してその細則（ミシュナー）をつくり、禁じられた仕事が拡大解釈されて増えていきました。

安息日は人のために

イエスの時代にも安息日において禁止されていることは、しばしば議論の対象となっていました。ファリサイ派の律法学者たちは、安息日にしてもよいこと、してはいけないことを細かく定めていました。そのような中で起こった出来事です。弟子たちが安息日に麦の穂を摘んだのです。当時、他人の麦畑であっても、手で穂を摘んで食べることは許されていました。貧しい人たちがそれを食べることができるようにという配慮からです。

ここで問題となったのは、穀物の収穫は安息日に許されていない労働に当たるのではないか、ということです。イエスはこれに対して、旧約聖書の王ダビデの行ったことを引き合いにして応じています。「アビアタルが大祭司であったとき」というのは、どうも誤りのようで、引用されているサムエル記上21章ではアヒメレクが大祭司のときでした。ダビデと供の者は空腹だったときに神の家に入って、祭司以外は食べてはならなかった供え物を食べたではないか、というのです。この言葉は、たとえ決まりごとがあったとしても、何が大切なのか、いのちのことを優先すべきなのではないかと問いかけているのでしょう。

イエスははっきりと「安息日は、人のために定められた。人が安息日のためにあるのではない」（2章27節）と宣言しました。衝撃的な言葉です。しかし、安息日が制定されてきた歴史を考えるならば、むしろ安息日の本来のあり方を取り戻しているということができるのではないでしょうか。この言葉は同じ事柄を記しているルカによる福音書6章、マタイによる福音書12章にはありません。マルコが伝えた、神の子イエス・キリストの福音の姿が明らかにされています。

神が定められた自由への戒め（＝律法）を、人が人を縛るものとしている。イエスは大胆にそれを解放し、「だから、人の子は安息日の主でもある」（2章28節）と宣言します。中風の人がいやされた際に「人の子が地上で罪を赦す権威を持っていることを知らせよう」（2章10節）と語ったことを思い起こします。イエスが救い主であるとは、罪を赦す権威を持っているように、安息日に対しても人が縛っているものを解き放つ権威を持っているのだ、ということです。

真ん中に立ちなさい

「イエスはまた会堂にお入りになった」（3章1節）。安息日でした。イエスにとって、それはいつもの、そして欠かすことができない大切な礼拝の時でした。緊張感が高まる中、会堂で出会った人。彼は片手が萎えていました。そこには大勢の人がいたのです。彼の方から何か願いがあったわけではありません。しかしイエスのまなざしには、彼の生きづらさが映っていたでしょう。

安息日に医療行為を行ってもよいのか。認められていたのは命に危険がある場合のみでした。片手が不自由な人は、今すぐいやされなければならない相手とは見られていません。律法学者やファリサイ派の人々はイエスが安息日にしてはならないことをしている、律法違反をしていると訴えようとして、この人をいやされるかどうか注視しています。

イエスはその人に呼びかけられました。「真ん中に立ちなさい」(3章3節)。

イエスは周りにいた人々に問います。「安息日に律法で許されているのは、善を行うことか、悪を行うことか。命を救うことか、殺すことか」(3章4節)。ここでは「律法で」と訳されていますが、原文にはありません。イエスが問いかけているのは、この人が助けられることこそ神が望んでおられることではないのか、安息日は人が救われる日ではないのか、ということです。

周囲の人々は黙っていました。イエスは怒って人々を見回します。イエスの怒り。それは正しいことを認めない、そのことによって弱くされている人が無視されて片隅に追いやられることに対する怒りです。傍観者ではなく、一人の命に向き合っているからです。当事者としての怒りです。悲しみです。

安息日に起こるのは、悲しみや屈辱を抱え、尊厳を顧みられず、弱く小さくされた一人が会堂の真ん中で、神の前に立つことです。真の人間としての歩みへと押し出されていくことでしょう。

それはまた、共同体にとって、「何を真ん中にするのか」が問われているのだと思います。会堂に集まっていた礼拝の民にも呼びかけられたのではないでしょうか。あなたがたは自分の人生に起こっている痛みやつらさ、片隅に押しやっていることがまるでなかったかのように、安息日を守っている。しかし、主は悲しみや苦しみを抱えたときに、そのまま携えてくるように招かれ、起き上がることができるように手を取られるのだ、と。

言葉と出来事

イエスはその人に言われました。「手を伸ばしなさい」（3章5節）。

彼の腕は元通りになりました。伸びた腕の先には、人々の手がありました。人と触れ合い、握手をし、抱き合うことができる。交わりが回復しました。

安息日に行われたいやし。神は善を行い、いのちを救うことを求められる。一人の人が生きることを望んでおられる。生きづらさにあえいでいる中から、共に手を携えて生きるように、喜びをもって歩んでいけるように。それは安息日にこそ、起こらなければならないことです。安息日こそ救いの日であり、人間の解放の日だからです。

それはイエスの命がけのメッセージとなりました。この日からファリサイ派の人々とヘロデ派の人々がイエスを殺すことで手を組みました。ヘロデ派はローマの傀儡であるヘロデ王家を支持する派閥でした。純粋なユダヤ人であることを誇りとするファリサイ派とは相いれないはずですが、社会の秩序を破壊する者を排除するという点で、彼らは一致しました。安息日に、殺すことを相談し始めたのです。

十字架の道行きがあらわになったときでもあります。イエスが一人の人と向き合うことの重さを感じます。神の愛が一人に注がれている。それは言葉と行いによって表されます。イエスのいのちの重さによってもたらされたメッセージでした。

9　悪評の中で

3章20〜35節

畏怖と賤視

私たちは、イエスが病をいやし、言葉をもって神の国の到来を告げられたことをすばらしい出来事だと考えています。しかし、当時のユダヤの社会では必ずしもそうではありませんでした。

イエスのいやしの行為を、聖書は多くの場合、「悪霊払い」として描いています。当時の人々は肉体的な病も精神的な病も悪霊に取りつかれて起こるのだと考え、信じていました。ですから、病をいやすということは悪霊を追い出すという表現になっています。そのいやしは、怖れを引き起こしていました。人々はイエスが「汚《けが》れた」とされる人をいやし、「罪人」として疎外されていた人と食事を共にしている姿に怖れを抱きつつ、「気が変になっている」という評価をします。

阿部謹也著『自分のなかに歴史をよむ』（筑摩書房）によれば、賤視というのは蔑視とは違っていて、恐れの気持ちがはいっている、と指摘されています。驚くほどたくさんの職業が賤視されていました。

おおまかにいって、死、彼岸、死者供養、生、エロス、豊饒、動物、大地、火、水などと関わるものであり、畏怖の感情が根底にある、ただ軽んずる心だけではなく、恐れという感情が屈折して賤視に転化していくのだ、と。

それは生と死、彼岸と此岸、聖とケガレというような、人々が線を引いて守っている境界線を越え、往復するような働きやあり方に脅威を抱くからでしょう。イエスのいやしの業や安息日の行為などに、人々は大きく揺さぶられていたのです。自分の理解を超えることに対して下す評価が「気が変になっている」（21節）というものです。

家・身内

イエスは家に帰ってきました。「気が変になっている」という評価にいち早く反応したのは、家族でした。うわさを耳にして、身内の人たちが取り押さえに来ました。

家族、身内であるからこそ保護しようとして、自分たちの「理解」の中へ「取り押さえよう」とします。「取り押さえる」とは、「私のものだ」と引き寄せることです。「あなたのためなのだから」という言葉で、自分の方へ引き戻すのです。イエスに私たちを合わせるのではなく、私たちにイエスを合わせようとします。

ここでエルサレムからやってきた律法学者とのやり取りが入り、家族のことから話題が転じられます。そして、再び家族のことに戻っていきます。その間にイエスに対する評価を語る律法学者たちとの対峙が挟み込まれています。サンドイッチのような文学的な手法を用いて、家族の振る舞いのことを次のやり取りの中で、再度考えるように導いていきます。近くでは見えなかったことが、別の話を通してよく見えるようになるためです。

そこで浮き彫りにされるのは、イエスに対する無理解です。一方は善意ですし、他方は自己の保身からかもしれません。

そのことを通じて、家族だからといって無前提にイエスの福音を受け入れているのではないことがわかります。かえって家族だからこそ、陥ってしまう「線の内側へ」という意識が、理解を遠ざけてしまうことが伝えられます。

流言飛語

イエスの言動を監視するためにエルサレムからガリラヤへやってきていた律法学者たちは「あの男はベルゼブルに取りつかれている」（22節）と評価を下します。「ベルゼブル」は古いシリアの神の名だったようですが、悪魔（サタン）の頭《かしら》を指しています。彼らはイエスが悪霊を追い出し、病気をいやしておられることについて、「彼は悪霊どもの頭の力によって悪霊を追い出している」と説明しました。律法学者たちはイエスの力ある業に脅威を抱きながら、それが神からのものであることを認めず、悪霊の力だと断定します。

ところで、この「ベルゼブル」を指す「蝿の王」は、中世では巨大な蝿の姿で描かれるようになりました。ウィリアム・ゴールディングの小説『蝿の王』（集英社）には人に潜んでいる邪悪の現れとして描かれ、文学や美術の分野ではひとつの象徴として用いられています。

イエスが「汚れた」とされた人々と交わり、いやし、共に食卓を囲む。それは当時の社会の境界線を越えていくあり方でした。律法学者たちは秩序を破壊する悪霊、汚れたものに集《たか》る蝿のようだと言いました。それに対してイエスは、「どうしてサタンがサタンを追い出せよう」（23節）とたとえを用いて、内輪で争う家や国が立ちいかなくなると反論をしました。

イエスは人々が犯す罪や冒瀆の言葉も赦されるが、聖霊を冒瀆する者は赦されない、と語りました。「聖霊」の「聖」は「神の」ということですから、「聖霊」は目に見えない神の力のことです。聖霊を冒瀆するとは、それぞれの人に働きかける神の力、神の働きを否むことであり、それは赦されないのだと語られたのでしょう。

律法学者たちは目の前で起こっていること、いやされた人がいるということは無視できず、そこに大きな目に見えない力が働いていることは認めざるを得ませんでした。しかし、その力が神の元から来たものではなく、悪霊の親分の力なのだと解釈して、自分たちの世界から不必要なものと、かき消そうとしています。

イエスの周りにはいやされて、神と人の交わりの中でいのちを回復した人たちの姿があり、救いの喜びがありました。「赦されない」というイエスの強い口調には、それをまるで邪悪なこと、余計なことだと語る律法学者たちへの怒りがあったのです。

新しい人と人とのつながり

イエスは「わたしの母、わたしの兄弟とはだれか」（33節）と問います。外と内と線を引いていた人々に対して、逆に問いを投げかけています。そして、周りに座っている人々を見回して「見なさい。ここにわたしの母、わたしの兄弟がいる」（34節）と話されました。そこにいた人たちは病やさまざまな苦しみを抱えた人たちです。境界線の外に追いやられ、家族からも見放されていた。そういう一人ひとりにイエスはわたしの母、わたしの兄弟、姉妹、わたしの家族なのだと言われました。呼びかけられた人は温かさに包まれ、見いだされた喜びに震えたでしょう。

イエスが「わたしの母、わたしの兄弟とはだれか」と語ったことは、冷たいように受け止められます。けれども、この言葉を記したマルコは、後に母も兄弟もイエスに従う者となったことを知っています。つまり、血縁という関わりに閉ざされるのではなく、「神の御心を行う」（35節）という大きなつながりの中に置かれるときに、家族もまた、神によって結び合わされたパートナーとしての関わりへと変えられていくのだというのです。

マルコによる福音書は、冒頭においてイエスの誕生や出自、家族に関して語りません。どのような家庭に生まれ育ったのかということはすっぽり抜けています。血縁的な家族という関係の中でイエスを理解しようとする枠を取らなかったのです。

家族を大切に考えていないということではありません。むしろ、家族が「神の家族」となるときに、新しい人と人のつながりが与えられることを伝えようとしたのでしょう。「神の家族」とは、神の霊によって生かされている者同士の交わりということです。神の力が働いて福音に生かされている。それが神の御心を行う者です。

自分の狭い世界の中で、自分の家族、自分のグループ……などにとどまり、その中の安定だけを考えていると、イエスの福音はむしろ、脅威に感じられるかもしれません。しかし、与えられている賜物を神からのものと受け入れ、それを用いて共に生きようとするなら、どんなに小さなことも福音のきざしとして感謝することができるでしょう。

『わたしの信仰――キリスト者として行動する』（松永美穂訳、新教出版社）の著者、アンゲラ・メルケル前首相はドイツで牧師の娘として生まれ、父がすぐに旧東ドイツの教会に転任したことで、東ドイツで育ちました。彼女が模範として思い起こすのは、教会の福祉事業団体であるディアコニーによって運営される知的障害者施設で園芸を担当していた、庭師として働いていた人です。障がいのある人たちも庭仕事をしていて、退屈した人や質問がある人は、誰でも彼のところへ行って話していました。彼といるとき、心からの大きな信頼と穏やかさを感じ取っていました。父にも母にも時間がない、そんなときにもたくさんの仕事を抱えていたはずの彼は、時間を割いてくれた。どうやって花を移植するのか、シクラメンを植え替えるのに最適なのはいつか。知的障がいのある人たちと話すときの方法も彼から教わった、と。

人生の大切なことは教会の他の人たちが教えてくれた。それは「神の家族」として、新しい人と人のつながりの中で与えられる賜物なのです。

10　花が咲くほどの幸せ

4章1～34節

たとえで話す

マルコによる福音書では、この部分にイエスが語られたたとえ話がまとめられています。イエスは「よく聞きなさい」（3節）と勧められます。このたとえは、「聞きなさい」という言葉で始まり、「聞く耳のある者は聞きなさい」（9節）という言葉で終わる、「聞く」という言葉に囲まれています。ですから私たちは、このたとえ話は何よりも「聞く」ということが大切なのだということに気づきます。

ガリラヤ湖の湖畔で人々は種蒔きの話を聞きました。それはいつも自分たちが経験している話です。神の言葉を聞くことは、特別な場所や特別な準備、能力が必要だというのではありません。私たちが生きている日々の生活の中で太陽の光を感じ、風の匂いを感じ、四方からの風に舞う種がある、そういうイメージを持つことができるように、イエスは語られたのです。

イエスは神の国について、暗喩（メタファー）で語られました。それはありふれた日常の風景についての話です。神の国ははるか彼方の世界ではなく、毎日の暮らしの中にあると。その日常の世界を「別の見方をする」ことによって、そこに神の支配の現実があることに気づかせるためです。

種を蒔く人

種を蒔く人が種蒔きに出て行きます。ある種は道端に落ち、鳥が来て食べてしまいます。またある種は石だらけの地に落ち、土が浅いのですぐ芽を出しますが、根がないので枯れてしまいます。またある種は茨の中に落ち、茨が伸びて邪魔されて実を結ぶことができませんでした。よい地に落ちた種は芽生え、育って実を結び、三〇倍、六〇倍、一〇〇倍にもなりました。

このたとえ話は何か不思議な作用を持っているようです。話を聞きながら、そわそわしてくるのです。四種類の土地の話を思い浮かべながら私たちが考えることは、種が神の言葉であるならば、自分はどのような地なのだろうかということです。せっかく神の言葉を受けても、邪魔するものがそれをついばんでいってしまう。また喜んで聞くけれども、迫害や困難のためにそこから離れてしまう。あるいは茨のようにこの世のわずらいや欲望のために御言葉を覆ってしまい、実を結ばない、と。

自分を振り返ってみると、そのどれも当てはまりそうです。「そうだった。熱しやすく冷めやすい性格はだめなのだ」とか「せっかく教会に行ってみようと思っても、日曜日にはいろいろなお誘いがあって」「聖書の言葉はすばらしいかもしれないけれども、生きていくためには社会の中で評価されなければ」などなど……。そして、「やはり神の言葉を聞いて実を結ぶような人生には、私はあまりにも遠すぎる！」とため息をついてしまう。

しかしこのたとえ話は私たちの足りない部分ではなくて、私たちの間に種を蒔き続ける方のことを語っているのです。土地の状態に頼らずに、種をけちらずに、それが良い地であろうと、困難な地であろうと、いつも種は蒔かれる。神はそういう創造の業を今も続けておられるのだと。

それでは、この農夫はなぜもっと効率的に種を蒔かないのでしょうか。一〇〇粒の種があったら、よい地を選んで一〇〇粒を蒔けばよいのです。当時の農法について調べてみて気がつきました。日本のようにまず地を耕してから種を蒔くわけではないようです。パレスチナでイエスが目にしていた農夫たちは、まず種を蒔くのです。それから、地を耕すのだそうです。ですから、よい地がまずあって、そこを選ぶのではなくて、種は蒔かれるのです。それから地が耕されます。

翻って私たちの生活を考えてみると、この農夫が経験したように私たちの生活は必ずしも効率や合理性ばかりが優先されるわけではありません。もしかすると、種を蒔く作業というのは、無駄だと思えることの繰り返しだということができるのではないでしょうか。

この農夫も無駄と思われるような労苦にもかかわらず、三〇倍、六〇倍、一〇〇倍もの喜びを経験しました。その喜びの経験こそが神の国の喜びだとイエスは伝えています。そしてその喜びは種自身の力によってもたらされるものなのです。その喜びと源を知っていたからこそ、農夫は種蒔き（宣教）を続けていたのでしょう。

沼地

遠藤周作の小説『沈黙』（新潮社）はキリスト教禁止令が出されていた江戸時代の長崎で、ローマ・カトリック教会の司祭フェレイラが布教活動を続けていた日本で転んだ（棄教した）という報告から始まります。ポルトガル人司祭ロドリゴは周囲の制止を振り切り、その事実を確認するために日本に潜入しますが、信者キチジローに裏切られて長崎奉行所の官吏に捕らえられます。

この小説をアメリカのマーティン・スコセッシ監督が二〇一六年に映画化して、日本でも『沈黙サイレンス』として上映されました。キリスト教国から信仰を伝えに日本に来たロドリゴ神父。彼が日本で出会ったキリシタンたちは、本国で考えられていたような文化的に遅れている農民ではありませんでした。民衆は自分たちの意志を持って生活の中で信仰を生きています。ロドリゴは信仰を与えるつもりで日本に来ました。しかし、実は、彼こそ信仰の深みへと導かれていきます。

ロドリゴに棄教を迫るフェレイラ師は「この国は沼地だ。（中略）どんな苗もその沼地に植えられれば、根が腐りはじめる」と語ります。ロドリゴは「その苗がのび、葉をひろげた時期もありました」と答えます。しかし、彼はその後転んでいく。転ぶ方が神の御心なのでは、と信じたからでした。その後の日本人としての生活の中で、彼はやはり信仰によって生きています。棄教したけれども。

日本は沼地のようだといわれてきました。宣教師たちが長年の努力でいくらかの信者を集めたにもかかわらず、彼らは社会が変われば、あるいは空気が変われば棄教してしまう。それがなぜなのか、キリスト教社会にとっては理解しがたい、と。そして五〇〇年にわたる宣教にもかかわらず、大きな成果をもたらしてはいないと評価するかもしれません。一パーセントにも満たないキリスト者人口しかいないのだから、と。

しかしそうでしょうか。種が蒔かれたことによって、地は耕され続けてきたのではないでしょうか。

どんな地にも

雨も雪も、ひとたび天から降れば　むなしく天に戻ることはない。それは大地を潤し、芽を出させ、生い茂らせ　種蒔く人には種を与え　食べる人には糧を与える。そのように、わたしの口から出るわたしの言葉も　むなしくは、わたしのもとに戻らない。それはわたしの望むことを成し遂げ　わたしが与えた使命をかならず果たす。（イザヤ書55章10～11節）

日本に落ちた種はキリスト教教育という場を耕してきました。神と人と共に生きることの豊かさを伝え、人を育てるという場を。そして神が私たちをどのように愛し、創造されているのかを伝える現場に立ってきた人たちも大勢います。福祉の場や被災地の支援、そしてあるときには沖縄の海辺で平和を祈り守るために呼びかける声の中に。

二〇〇三年、日本基督教団北海教区では、種蒔く人のたとえを用いながら、支え合って立っていこうとする教会の姿を考える時がもたれました。苫小牧地区の「共同牧会」を問い直し、地に落ちた種の物語は決して豊かな地に落ちたことだけが幸いなのではなく、それぞれの地に落ちた種にはその地で受けた恵みもあり、つながることで実を結んでいく豊かさがあるのではないか。石の硬さや茨の棘の痛さの中を通されながら、そこで見えてくることもあるのではないか、と。

その中で、第五一回北海教区年頭修養会テーマソングとして新たな賛美歌「わたしはちいさな」（村上浩康作詞・作曲）が生まれました。

わたしはちいさなひとつの種　石の上に落ちた
おそらく弱いから　花が咲くこともないのでしょう
でも　わたしは知った石の硬さ

そして　なぜそこに置かれたかを
すべてあなたと出会うための恵み　花が咲くほどのしあわせ

わたしはちいさなひとつの種　茨の中に落ちた
おそらく弱いから　実を結ぶこともないのでしょう
でも　わたしは知った棘の痛さ
そして　なぜそこに置かれたかを
すべて　わたしと出会うための恵み　実を結ぶほどのしあわせ
すべて　あなたと出会うための恵み　花が咲くほどのしあわせ

私たちは、生まれてくる時代や場を選ぶことができるわけではありません。しかし、確かに種が蒔かれています。神は今も創造の業を続けておられます。人の目から見ればからし種のように小さな種、ほとんど目に留まらないような小さなことであっても、気づかないうちに蒔かれ、「ひとりでに」実を結ぶように、神の力によって実現していく。それが神の国のたとえであり、福音なのです。

「聞く耳のある者は聞きなさい」。

11 向こう岸へ

4章35〜41節

向こう岸へ渡ろう

イエスと歩む福音の世界は、一つのところでとどまることはありません。たとえ話によって神の国の神秘について話されたイエス。その日の夕方、新たな神の国の実現へ向かおうと呼びかけられます。「向こう岸に渡ろう」（35節）と。新しい未知の世界へ。ガリラヤ湖の向こう岸、その地はデカポリス地方、ユダヤ人から見れば異邦の地です。それは、地理的に向こう側というだけではなく、今いる場所から向こう側、違う場所、異なる世界へ踏み出そうということでしょう。

「向こう岸」がデカポリスを指していることを知った弟子たちの心には、恐れや不安が湧き起こったに違いありません。見知らぬ土地の見知らぬ人たち、異邦人の住むところ。決して喜んでというわけではなく、不承不承従ったのではないでしょうか。

嫌な予感が的中するように嵐となりました。ガリラヤ湖は海面下二〇〇メートルにある湖で気象の変化が激しく、突風に襲われることもあったようです。弟子たちは漁師だったので、そのようなことはよく知っていたでしょう。舟は水をかぶり、水浸しになるほどでした。弟子たちはイエスに向かって言います。「先生、わたしたちがおぼれてもかまわないのですか」（38節）。イエスは起き上がって、風を叱り、湖に「黙れ。静まれ」（39節）と言われると、風はやみ、すっかり凪《なぎ》になったのです。イエスの言葉によって、突風は静められました。

自然に対する奇跡は、現代の私たちにとっては受け止めづらいと考えられます。そこには人間の理解を超えた神秘が表されていると。キリスト教文学者C・S・ルイスは『奇跡論』（柳生直行・山形和美訳、すぐ書房）において、神が自然において大規模に長期間、恒常的に行っていることを、キリストが局所的に短時間で、劇的に行われたのが奇跡であると語ります。

こうした自然奇跡を福音書はすべて弟子たちの体験として語っています。イエスは奇跡を群衆に見せることを目的としておられないのです。弟子たちにとっては、「いったい、この方はどなたなのだろう。風や湖さえも従うではないか」（41節）と思わされる経験でした。そこに神の力を感じたのです。

嵐の夜に

福音書では、イエスの奇跡が旧約聖書の人物や出来事を土台にして伝えられています。嵐の夜に舟で遭難しかけている。思い出すのはイスラエルの預言者ヨナのことです。

ヨナは、神からイスラエルの敵国であるアッシリアの首都ニネベに行って、「彼らの悪はわたしの前に届いている」（ヨナ書1章2節）と伝えるよう命じられます。しかし、ヨナは敵国アッシリアに行くのを嫌がり、船に乗って反対方向のタルシシュに逃げ出します。神は船を嵐に遭遇させます。ヨナは自分を海に放り込めば嵐はおさまると船乗りたちに言い、海に投げ出されるのですが、神が用意した大きな魚に飲み込まれ、三日三晩その腹の中にいて、陸地へ吐き出されたのでした。これはイタリア児童文学のピノキオのモチーフの一つとなったといわれています。

ヨナ書は旧約聖書の中で、異邦人にも神の憐れみと救いの業が与えられるということを語っている点で特異な位置を占めています。はじめ、ヨナは神が異邦人を救われるということが納得できませんでした。救われるのはイスラエルの民だけだと思っていたからです。ヨナは自分の持っている枠、考えの中から抜け出せないで苦しみます。深い海の底で三日三晩ヨナは葛藤します。

聖書の中で、深い海という表現は、自我と闘う場を思い起こさせます。

「深い淵の底から、主よ、あなたを呼びます」という一文で始まる詩編130編を現代のユダヤ人の詩人ディビッド・ローゼンバーグは「空のブルース」という詩で表現しました。

わたしは溺れかかっています　わたしのうちにある深い淵の中で
主よ、わたしは叫び声をあげています（中略）
どうぞあわれんでください
わたしのうちにある自己中心を見通して　それを心に留められるとき
（『礼拝に何が必要か――芸術との共同』ジャネット・R・ウォルトン著、山田直美訳、日本基督教団出版局）

ローゼンバーグは詩編によって、今の私たちの深い淵、絶望や自己中心が巻き起こす苦しみ、そこからの解放と変革を希求したのでした。
神はニネベの町の救いのためにヨナを遣わしたのですが、ヨナ自身がそのことを通じて、新しい世界と出会う体験をしています。神の救いの業は、決して私たちの枠の中に収まるような小さな出来事ではありません。私たちにはその全体像が見えないために、不安に満ちて、理不尽とさえ思えるような局面が立ち現れるかもしれません。その中にあっても、私も主の救いの業、救いの歴史を担う一人とされているのです。いつそれが明らかになるかはわかりません。けれども、そのように生かされていると信じて歩み始める。それがあのヨナのように、深い海の底で古い自分を捨てて、新しい自分へと変えられる体験です。

信じないのか

福音書を生み出した初代教会はまさしく、内に外に困難を抱えて船出しました。ユダヤ人と異邦人が共に集う教会。それは未知の世界でした。自分たちが抱いてきた偏見や差別意識に捕らわれて、教会自体が大揺れに揺れ、嵐の中の小舟のように感じられたこともあったでしょう。他方で、教会はローマ帝国による迫害という嵐の中で翻弄されていました。

「わたしたちがおぼれてもかまわないのですか」と、弟子たちはイエスがまるで無関心であるかのように訴えます。なぜ沈黙しておられるのですか、眠っておられるのですか、と。

イエスは「なぜ怖がるのか。まだ信じないのか」（40節）と弟子たちに語りかけられました。嵐の中で恐れがあるのは当然でしょう。恐れは自分を守ろうという意識の表れです。恐れがなければ危険を回避できませんし、自分を大切にすることができなくなってしまうでしょう。恐れは過去の経験を踏まえて、痛い失敗や傷を再び受けたくないという心の表れでもあります。しかしまた、恐れに捕らわれてしまうとチャレンジする勇気を失い、前に進めなくなってしまいます。

恐れの中にあっても、突き進んでいこうとするときに必要なのは「信じること」です。人生が大きく揺らぐときにも、主はそこにおられる。眠っておられるのか、沈黙しておられるように思われるときにも主は一人ひとりに配慮し、支えておられる。私が自分を配慮する以上の愛と関心を持って導いておられる。そのことに委ねることが「信じる」ということです。「信じる」とは神に信頼して生きることです。

第二次世界大戦の対立と敵意の時代を経て、世界のキリスト教会が教派を超えて連帯するエキュメニカル運動によって世界教会協議会（ＷＣＣ）が組織されました。採用されたシンボルは、この聖書の箇所からとられたものです。マスト（帆柱）を十字に組んだ、暴風に揺られる舟のシンボルです。イエスは嵐を静められる。どれほど大きな嵐の中にあろうとも、イエス・キリストは自然と歴史の主であり、イエスに従う弟子たちと必ず共にいてくださる。教会は迫害や苦難の中で、繰り返しこの出来事に立ち帰ってきたのです。

未知の世界へ

「向こう岸に渡ろう」。それは未知の世界へ踏みだそうという呼びかけです。必ずしも、地理的に移動することを指しているわけではありません。自分の生活が変わったり、今までできていたことができなくなったり、そういう未知の世界もあるかもしれません。それは、自分の世界、姿だけを見ている私たちへの呼びかけでもあると思います。イエスが共におられるところへ、渡っていこう。

恐れがある、怖い。未知の世界へ踏み出すことの恐ろしさ、不安を持つこと、それが人間だといえます。私たちの姿そのものです。私たちは、何が起こっても恐れないという、自分が強くあらなければという強迫観念から解放される必要もあるでしょう。私たちは恐れてもよいのです。その恐れは、決して神に捨てられた姿ではありません。そうではなくて、恐れは私たちを支配しない、ということです。この恐れの中で、つまり嵐の中で私たちは、イエスと出会います。私たちはイエスに自分の不安を言い表すことができます。「なぜ、怖がるのか」とは、問い詰めているのでも、叱責しているのでもありません。それは、恐れから私たちを解放しようとするイエスの言葉です。

私たちの生活にも、たくさんの不安や恐れがあります。年若い方には将来に対する不安や恐れがあり、高齢の方々にもやはり不安や恐れがあります。そうして、私たちは毎日の生活を送ってきました。心の中で嵐が吹きすさんでいたという経験もあるでしょう。

三日三晩海の底で魚の腹の中にいたヨナは、そこでなければできない経験をしました。その格闘によって、彼は神の御心を知ることになりました。嵐の中の教会は、「わたしはあなたと共にいる」というイエスの言葉を共に聞きます。

向こう岸に向かって荒海を越える小舟に乗り込み、最も激しく揺れるところにイエスがいてくださること、共にその葛藤や不安と闘ってくださっていることを信じて、「向こう岸に渡ろう」。

12　踏み出す

5章21〜43節

主に近づく

イエスと弟子たちはガリラヤ湖の向こう岸へと渡っていきました。それは「汚《けが》れた」とされた異邦人が住むゲラサ地方でした。その地でイエスは一人の人のいやしを行います。いやされた人はその地でいやされたことを伝える人、初めての宣教者となりました。

そして再び、イエスと弟子たちはガリラヤ湖の向こう岸へ渡ります。マルコによる福音書が語っている「向こう岸に渡った」という表現は、地理的な移動であると同時に、弟子たちや人々が「当たり前」だと思っていたこちら側の岸から向こう岸、すなわち「神の国」という新たな岸へ導かれていくことを表しています。

再び向こう岸へ渡ったイエスと弟子たちの周りに大勢の群衆が集まってきました。そこにいた人たちの多くは、いえおそらくほとんどは何かしらの課題を抱えていた人たちでした。自分や家族の病、厳しい生活の中で救いを求めている人もいたでしょう。イエスはその人々と共におられました。

ヤイロという会堂長が来てイエスに窮状を訴えます。幼い娘が死にそうだというのです。会堂長は会堂の管理や礼拝の準備の役目を持つ信徒でした。地域共同体の長として働く場合もありました。彼は娘のためにイエスに近づいたのです。

イエスはヤイロの願いに応えて一緒に出掛けた途中で、一人の女性と出会います。ちょうど二つの話がサンドイッチのようになっていて、この女性との出会いが語られることによって、テーマが深まっていくという文学的な手法が用いられています。

一人の女性がイエスに近づきます。ここには一人の女性の個人史が記されています。彼女は一二年間出血が止まらないという病気のために苦しみぬき、多くの医者にかかって、ひどく苦しめられ、全財産を使い果たしても何の役にも立たず、ますます悪くなるだけでした。不正出血による体の不調のために苦しいということにとどまりませんでした。

古代イスラエルにおいて、血は体内にある限り生命の源であり、清いものとみなされました。それが体外に漏出すると汚れた存在となるのです。それゆえに生理期間中の女性が触れるものは「汚れた」とされ、人々の交わりの中に入っていくことができませんでした（レビ記15章）。この女性は一二年間交わりから遮断されて生きていました。

これだけの状態が明らかにされていながら、彼女の名前はわかりません。無名の、触れてはならない存在。それがこの人なのです。しかし、彼女には生きるということへの根気強さがありました。身体的にも精神的な誇りにおいても、そして経済的にも奪われた人生でありながら、健やかになりたいという思いを誰も彼女から奪えなかったのです。それが彼女が自分の意志で行動するということを引き出しました。彼女はイエスのうわさを耳にして、湖畔に来ました。群衆が周りを囲んでいたことは好都合でした。人々に紛れてイエスに近づくことができたからです。本来ならば、この場にいることはできない。それでも、自分の人生を、与えられたいのちを生きたい、その思いを断つことはできませんでした。

彼女は後ろからイエスに近づいて、服に触れました。レビ記の規定によれば、出血中の女性が触れたものに女性の汚れがうつるはずです。彼女がイエスに触れると、汚れの元とされた出血が止まったのです。彼女は病気がいやされたことを体で感じました。ここで「病気」と訳されているギリシャ語は「鞭打ち」から来ており、「苦痛」「苦悩」を意味する言葉です。彼女が感じたのは、その苦しみから解放されるということでした（『問いかけるイエス――福音書をどう読み解くか』荒井献著、日本放送出版協会）。

見える者とされる

しかし事はそこで終わりませんでした。イエスは自分の内から力が出ていったことに気づきました。それは感じて知るということです。イエスは超人的な力で誰彼となくいやしたのではありません。触れることによって、相互に力が引き出されていくのです。彼女はイエスに触れるのですが、それと対照的なのは周りに押し寄せる人でした。「ふれる」が相互的、人間的な関わりであるのに対して、「さわる」は一方的、物的な関わり、といわれます（『手の倫理』伊藤亜紗著、講談社選書メチエ）。

イエスは相手が誰であったのかを確かめようとします。周りに人が押し寄せている中の一人がイエスに触れたからといって、誰かと確かめようなど、見当違いなことに思えます。だから弟子たちは言います。「群衆があなたに押し迫っているのがお分かりでしょう。それなのに、『だれがわたしに触れたのか』とおっしゃるのですか」（31節）と。

誰からも相手にされないことで、この女性は言葉を失っていたでしょう。見えないものとされ、言葉を奪われていました。しかし、イエスに「わたしの服に触れたのはだれか」（30節）と問われたときに、彼女は恐れおののきながらも前に進み出て、「ありのまま」を話しました。「ありのまま」という言葉は「真実」という意味です。彼女にとっての今までの真実をイエスに告げました。

なぜここで、わざわざ女性を人前に出す必要があったのでしょうか。そっとしておいてほしいではありませんか。公にしなくてもその女性の人生の中でイエスは恩人として記憶されるでしょう。なぜ、人前にさらされたくない彼女の言葉をイエスはここで聞かれたのでしょうか。

あなたの信仰があなたを救った

イエスは女性の話を聞いて「娘よ、あなたの信仰があなたを救った。安心して行きなさい。もうその病気にかからず、元気に暮らしなさい」(34節)と呼びかけました。「娘よ」という呼びかけは、イスラエルの娘、すなわち神の民に対する呼びかけです。「汚れた」として疎外されていた人を仲間としてイエスは招いています。

いやしは個人の問題です。その人の病がいやされるということは個人の人生にとって、なくてはならないことです。しかし、救いは個人の問題ではありません。それは共同体全体にもたらされるものです。交わりを断たれ、言葉を失い、絶望の中で生きてきた女性。その女性がいやされることで起こった出来事。それは交わりが回復されるということです。彼女はその共同体の中で、自分の場所を見いだして生きることができます。

それは共同体にとっても、「見失われていた一人」を回復することであるはずです。この一人の「イスラエルの娘」を「汚れた者」として見失っていた社会は、そのことにおいて、神の救いを見失っていたのではないでしょうか。彼女は群衆の中の単なる一人ではないのです。わざわざイエスが彼女を探したのは、人格的な出会いのためです。「あなたと私」として出会い、「あなたの信仰があなたを救った」と伝えました。彼女が希望を持ち続けてきたことを肯定し、慰めと励ましを与えるために。

イエスは告げます。「安心して行きなさい」。「安心して」はシャロームということです。あなたの全体性を回復して行きなさい、と。体も心も交わりも、すべてがいのちにとってなくてはならないものです。そして、神から与えられた賜物です。それを十全に生かして生きなさい、と新しい生へ押し出されました。

タリタ・クム

イエスと女性とのやり取りの間に、会堂長ヤイロの娘が亡くなったとの知らせが届きます。しかしイエスは「恐れることはない。ただ信じなさい」（36節）とヤイロに言われました。あの女性のように、信頼していなさい、と。恐れによって人は行き場を見失います。それを突き破って信頼すること、それが信仰の力です。あの女性の姿を通じて、イエスはそのことを伝えようとされたのでしょう。

娘が死んでしまったと泣き悲しむ人々に言われます。「子供は死んだのではない。眠っているのだ」（39節）。イエスにとって死は終わりではなく、新たな、より大きないのちに向けての眠りだと言っているのかもしれません。人々はイエスを嘲笑いました。イエスは子どもの手を取って「タリタ、クム」（41節）と言われました。「タリタ」は「少女」、「クム」は「立て」です。アラム語がそのまま伝わっています。その言葉の響きそのものが力を宿しています。イエスの呼びかけはいのちへ導きます。

少女は起き上がって歩き出しました。一二歳になっていた、とあります。この出来事を読み始めると、幼い子どもを思い浮かべるのですが、一二歳といえば少女が初潮を迎える頃です。そう考えると、死んでいたような少女は、家の中で生きる力を失っていたのかもしれません。イエスは彼女が自分の足で立っていくように、と呼びかけたのです。一人の女性としてこれからの人生を考え、自分の生き方を身につけていきなさい、と。

「タリタ・クム」。彼女は歩き出します。イエスによって生きる力を引き出されたのです。

一二年間出血が止まらなかった女性と一二歳の少女。イエスは彼女たちが自分の人生を確かな足取りで祝福されたものとして歩いていけるように、押し出されました。女性にとって月経はいのちと死、喜びと痛みをもたらすものです。日頃キリスト教主義学校で接する生徒たちも、それぞれの人生の中で課題を抱えていくでしょう。そこに、「あなたは与えられている人生を喜びをもって歩いていきなさい」という力強い言葉が響いていることを覚えます。

13　新しい関わりを創る

6章1〜13節

「理解」という「無理解」

聖書における「相手を知る、理解する」とは、その人と深く関わるということです。創世記4章1節には、「さて、アダムは妻エバを知った」と記されています。顔と顔を合わせて出会い、言葉を交わし、存在のすべてにおいて関わっていくこと。それが「知る」ということです。生きることの痛み、失敗、恐れ、不安、絶望、喜びや希望を共有すること。そこにその人自身の生全体が浮かび上がってきます。共にいる経験を積み重ねながら自分のなくてはならぬ存在として受け止める人格的な関わり。それが聖書の語る「知る」ということだといえるでしょう。

しかし私たちの日常において、相手について知っていること、生まれや育ち、どこで学び、どのような仕事をしているのかといった「情報」を得ることがその人を知ることだと勘違いしてしまいやすいのではないでしょうか。相手を情報によって解釈したり、意味づけたり、分析して、理解したような気になる、という経験をします。それは本当の意味でその人自身を「知る」ことにならず、自分の知識の一面をその人に投影しているに過ぎないということも起こります。

イエスは故郷ナザレへ帰ります。故郷は自分のことをよく知っていてくれる場所です。懐かしさや思い出と結びついている一方でしがらみもあり、そこから出たいと願うこともあるでしょう。「知っている」「知られている」という安心感から一歩も出ないということもあるかもしれません。

安息日に会堂で教え始めたイエスの言葉は、故郷の人々を驚かせました。すぐさま人々はこの人物の持つ特別な「権威」について議論し始めました。他の教師たちにはない、心の中に響くように教える権能を彼に与えたのは、いったい誰なのだろうか、なぜ他ならぬ彼を通して大いなる奇跡が起きているのだろうか、こうした疑問への答えを人々は求めていました。その答えは一つしかありません。ナザレの町で生まれ育ったこの旧知の人物は実に驚くべきことに「神の人」であったということです。ところが、ナザレの住民たちはこう結論するどころか、逆にこの方を拒絶してしまいました。ナザレ出身のイエスは、昔からこの村の人々の知り合いだったからです。

人々は自分たちが知っていることによって、「つまずいた」(3節)のです。この「つまずいた」というのは、「スカンダロン」というギリシャ語で、英語の「スキャンダル」の語源となった言葉です。人々にとって受け入れがたい事実だったということです。

伝道者パウロは「わたしたちは、十字架につけられたキリストを宣べ伝えています。すなわち、ユダヤ人にはつまずかせるもの、異邦人には愚かなもの」（コリントの信徒への手紙一1章23節）と語りました。十字架につけられた救い主の姿がユダヤ人にとって「つまずき」であったように、故郷の人々にとって旧知の人物が神の権威によって教え、いやしを行うことにつまずいたのです。

「信じる」ことには、自分が握りしめている情報や想定、知識によって判断するのではなく、それを手放さなければ見えないものがあるということでしょう。

岸の向こう側　信仰と不信仰

福音書記者マルコは記します。「そこでは、ごくわずかの病人に手を置いていやされただけで、そのほかは何も奇跡を行うことがおできにならなかった」（5節）と。マルコは、そこにいる人々に信仰がないとイエスは奇跡を行えないというのです。イエスの業は相手の信頼があるところでこそ、力が引き出されるという信仰の役割を強調しています。

この記事の直前に記されている、衣にでも触れればいやされると「信じた」女性、そして娘の死に直面したヤイロに語られた「恐れることはない。ただ信じなさい」（5章36節）という言葉は、マルコによる福音書の「信仰」（ピスティス）というテーマを表しています。それは「神が存在するか否か」というようなことではありません。むしろ八方ふさがりの現実の中にあって、神の救い、イエスの力により頼もうとする、「信頼」ともいうべき姿勢のことです。

イエスが弟子たちに言われた「向こう岸に渡ろう」という招きは、「信じる」世界への招きということができるでしょう。それに対して、岸のこちら側の世界には、不信仰がありました。

信仰とは、望んでいる事柄を確信し、見えない事実を確認することです。

（ヘブライ人への手紙11章1節）

私たちは生まれや環境、努力によって人生が決まり、そこに原因と結果があると考えています。イエスの時代、病気は罪の結果であり、律法を守ることができない人には救いがないと考えられていました。そこでは病人や罪人には救いの希望はありません。そのような中で、神は私たちを見捨てることはない、救いをもたらしてくださるというイエスのメッセージは、あきらめや絶望を乗り越える力を引き出していきました。

故郷の人々の不信仰とは、神が開かれる新しい可能性に賭けるのではなく、自分の狭い世界にとどまろうとしたことなのです。

杖一本のほか何も持たず

イエスが村々へ一二人の弟子たちを派遣されるときに命じられたことは、「旅には杖一本のほか何も持たず、パンも、袋も、また帯の中に金も持たず」（8節）という旅支度でした。弟子たちに求められたのは、「持つこと」ではなく、「持たないこと」です。

クリスチャン・アカデミーという団体があります。第二次世界大戦後ドイツとスイスで始まったアカデミー運動は、キリスト教の立場から社会が直面している問題の解決に貢献することを目指してきました。日本クリスチャン・アカデミーは、各神学校の神学生が一堂に会して寝食を共にして、礼拝と学びを行う神学生交流プログラムを継続してきました。私がスタッフとして参加した際、閉会礼拝の説教で関田寛雄牧師が語られたことが、この聖書の言葉と結びついて思い出されます。

関田牧師は、自分が持っていると思っているもの、神学的知識や勉強したこと、教会での経験、そういうものを持って遣わされた教会へ行くと、その地の人々に自分の持っているもので教えようとする。けれども本来、イエスが語られた派遣とは、そうしたものを置いて、持たない者として赴くことだ、と言われました。その地の人との間に人格的な出会いが起こり、自分自身の持っているものが砕かれていく、そこで初めて、語るべき言葉が聖霊によって与えられる。伝道者はそれを伝えていく存在なのだと。

イエスが遣わされた弟子たちの姿は、「持たざる者」の姿です。助けを必要とする者として村へ入っていかざるをえません。彼ら自身が権威ある者のように振る舞うことはできない。しかし、そうであるからこそ、自らの力ではなく神のみ業が現れることを期待するしかなかったのです。

マルコによる福音書には、旅には「杖一本のほか何も持たず」とあります。この杖一本は、旧約聖書のイスラエルと呼ばれたヤコブの旅立ちの姿を思い起こさせます（創世記32章11節）。彼の杖は神の導きと愛に他なりません。イエスは一二人の弟子たちを派遣するにあたって、神の国という神の愛を人々の間に広める者たちに、杖一本を、神の導きと愛だけを頼りにすることが大切なのだと言われたのでしょう。

その弟子たちの働きについてはこう記されています。「十二人は出かけて行って、悔い改めさせるために宣教した。そして、多くの悪霊を追い出し、油を塗って多くの病人をいやした」（12〜13節）と。信じて生きることができなくなっていた多くの人々が、弟子たちの働きによってあきらめの向こう側にある希望へと導かれていきました。そこに、信じる人たちの群れが起こされていったのです。

新しい関わりを創る

日本にキリスト教を伝えたフランシスコ・ザビエルはイグナチオ・デ・ロヨラらと共にイエズス会

を創始した人でもありました。イエズス会はカトリック教会内部で宗教改革を行い、その特徴は布教と社会奉仕を一体とする活動にありました。おそらくそのことは、ロヨラとザビエルが今も少数民族として独立を志向しているイベリア半島のバスク出身であったことと切り離せないだろうといわれます。ザビエルは一五四九年に日本に上陸、五二年に亡くなると彼の遺志を継いで日本にやってきた宣教師たちは、戦争孤児の施設をつくり、学校を建て、生活困窮者や重病人の救済活動を精力的に行います。目の不自由な琵琶法師のロレンソ了西、盲人のダミアン、遊芸民（放浪する芸能人）のトビアスなど、賤民とされた人たちの入信者も少なくなかったと伝えられます（『宣教師ザビエルと被差別民』沖浦和光著、筑摩選書）。

キリストの弟子たちは、その地に赴いて人々と出会い、神の慈しみを伝えます。そのことによって、人々の中にある「信じる力」が引き出されていきます。社会的な階層や属性によって判断されたり、差別される世界ではなく、神に呼ばれた者として生きようとすることによって、新しいアイデンティティーが与えられる。キリストの弟子として生きるという使命の中で、人は神が創造された本来の姿を取り戻していくのです。そこに、新しい関わりが生まれていきます。一二人が遣わされるとき、二人ずつの組になりました。キリストの弟子は自己完結するあり方ではなく、常に相互に支える者であること、チームとして話し合い、喜びも失敗の苦さも分かち合うように導かれているのです。

14 欠けに気づいたら

6章30〜44節

退くとき

疲れていて、誰にも会いたくないということがあります。特にそれが、大勢の人と会った後ならなおさら、そっと静かにしていたいと思うこともあるでしょう。「リトリート」は、退却とか避難を意味する言葉ですが、キリスト教では修養会、あるいは黙想会という場合にも用いられます。いつもいる場所から退いて静かに過ごす時が必要なことがあります。仕事から離れるだけでなく、人の評価から離れるという面もあるかもしれません。うまくいっているにせよ、そうでないにせよ、成果や評価から離れて、沈黙と祈り、神との対話の中で自らを見つめ直すことが求められます。

イエスの弟子たちがそれぞれの場へ派遣されたのは、課題を抱えた人たちと共に過ごすためでした。相手の必要に耳をすませて聞き、共に祈り、手当てをして食べ物を分かち合う。現代社会では、そのような働きを「ケア」といいます。悩める人、病む人、援助を必要としている人のいのちを支える働きです。支える人もそのことを通じて生きる実感を得て、自分が支えられるという経験をします。同時に、感情を抑制して相手に応えていくような働きには、知らず知らずのうちに自分の感情をすり減らしていく面があります。退却を知らない働き方は、「燃え尽き」を生むでしょう。働きの場から離れて孤独のうちに自分自身を見つめ直す時間は、現代社会に生きる私たちにとっても必要です。

涸れた谷に鹿が水を求めるように
神よ、わたしの魂はあなたを求める。
神に、命の神に、わたしの魂は渇く。（詩編42編2～3節）

詩編の詩人は魂の渇きの中から神に祈りました。人は魂の渇きを抱き、神に向かう存在です。疲れているときに心身を休めるだけでなく、神の前に自分を見つめ直す時が必要なのです。

弟子たちは働きを終えてイエスのもとへ戻ってきます。成果を感じたことも、まるで無駄だったように受け止められることも、失敗もあったでしょう。それらをすべてイエスに報告しました。もう一度「集まる」ことによってイエスを中心とした共同体がつくられます。イエスは弟子たちに人里離れた所で休むように勧められました。

神の憐れみ

イエスと弟子たちは舟に乗って、自分たちだけで人里離れた所へ行きます。しかしそこにも、イエスを求めて集まってきた人々がいました。イエスは「飼い主のいない羊のような有様を深く憐れみ」（34節）、教え始められます。イスラエルは、神と民との関係を羊飼いと羊になぞらえていました。イエスは人々の有様を「深く憐れみ」、心を痛めました。「深く憐れむ」とは相手の痛みを自らの痛みとして共感することです。「腸（はらわた）がちぎれる思いに駆られる」とも訳されます。

マルコによる福音書では、イエスがそのような思いで突き動かされるのは、飢え渇き、いやしを求めている人々に対してです。イエスご自身は与える側にいるというより、その痛みを受ける側に身を置かれたのでした。そして、神の言葉を教えられました。一人ひとりが神の言葉によっていのちをいただき、生きるためです。彼らの多くは、病や障がいを負うゆえに、家族からも社会からも切り離されて生きざるを得ない人々でした。それは共に食卓を囲めなかったということです。イエスの時代、重い皮膚病の人、徴税人、律法を守ることができず「罪人」とされた人々と一緒に食卓を囲むことは避けられていました。

欠けを乗り越えさせるもの

イエスは人々に語り続けました。時がたって食事の心配をする時間です。人々を解散させることを願う弟子たちに、イエスは「あなたがたが彼らに食べ物を与えなさい」（37節）と言われます。五〇〇〇人もの人々が集まっているのに、夕暮れ時になって、帰ろうにも空腹のままでした。今のようにいつでも食べ物が手に入るわけではありませんから、それぞれ自分の夕食をどうしようかと考えることはできたでしょう。ですから、無策な人々を前にして食事の心配をしたというより、困難を覚えて欠けを持っている人々を前にしていた、ということだと思います。

私たちの生活でも、このようなことは起こります。この事態をどう乗り越えたらよいのだろうかと、壁の前でしばしば立ちすくんでしまう経験です。弟子たちも思ったことでしょう。五〇〇〇人もの人に与えるパンを用意することなど、できるはずがない。もっともです。弟子たちには、「ないもの」しか見えないのです。しばしば私たちがそうであるように。人は、「ないもの」はよく見えます。健康に恵まれていない、自分を生かす機会がない、人との交わりがない……。教会でも人材がない、財力がない……。しかしそうでしょうか。

イエスは言われます。「パンは幾つあるのか。見て来なさい」（38節）と。弟子たちが確かめると、パンが五つ、そして魚が二匹ありました。

もちろんそれはわずかな量で、五〇〇〇人分の食料になるはずがありません。それでも、このわずかなパンと魚は、イエスにとっては何ものにも代えがたいものだったに違いないのです。なぜなら、イエスは無から有を生み出す方ではなく、無価値なものに価値を与える方だからです。イエスは空の瓶をぶどう酒で満たすことはせずに、瓶いっぱいの水をぶどう酒に変えられました（ヨハネによる福音書2章1節以下）。

今、主が求めておられるのは、最初のきっかけ、素材に他なりません。誰かがそれを、最初のささげ物をしなければならない。誰かがさきがけとして自らをささげることが必要なのです。

私たちの常識はこう訴えかけます。「無駄だ、やめておけ。これこそ焼け石に水というものだ」。しかしイエスは言われます。「家を建てる者の捨てた石、これが隅の親石となった」（12章10節）。熟練工が無意味と判断した石が家の土台、要の石として用いられるということです。

主は人々が飢え、困惑し、恐れ、人目を気にし、無力感に捕らわれ、利己的な世界に引きこもっているときに、わずかなパンと魚をみんなに分けようとされました。空腹である群衆の中に自分が食べる分のパンや魚を持ち合わせている誰かがいるでしょう。私たちの欠けを補っていくのは、自分のためだけというあり方から、分かち合う生き方へ主が招かれることなのです。

イエスは五つのパンと二匹の魚を取り、天を仰いで賛美の祈りを唱え、パンを裂いて、弟子たちに渡しては配らせました。すべての人が食べて満足しました。この大きく広げられた食卓で、病んでいる人も「罪人」と疎外されていた人も、蔑まれていた人も共に恵みにあずかりました。ここにいたすべての人は、イエスが食卓の主であり、霊的な飢え、魂の渇きをいのちのパンとして満たしてくださる方であることを示されました。

それはイスラエルの人々が奴隷であったエジプトを脱出してさまよっていた荒れ野で、神が天のパンを、マナを与えられた経験を思い起こさせます。神は必要な糧を与えられます。そして今、イエスがその糧を、神の恵みを分かち合う主として共におられるのです。

初代教会の人々は礼拝に集い、食卓を囲むたびにその経験を思い起こしました。四つの福音書すべてがこの奇跡を伝えています。イエスは食卓の主であり、交わりの中心におられる方なのだと。

賜物を分かち合うこと

カトリック司祭のヘンリー・ナウエンは大学で教えた後、亡くなるまでの約一〇年間、カナダのデイブレイクにあるラルシュ・コミュニティーの牧者として生活しました。彼はそこでの生活を通して気づいたことを記しています。

「才能と賜物の区別には意味があります。私たちに与えられている賜物は、才能より重要です。私たちは少ない才能しか持っていませんが、賜物はたくさん持っています。私たちの賜物は、私たちの人間性をさまざまな手段で表すものであり、私たちが何者であるかを表すものです。すなわち、友情、親切、忍耐、喜び、平和、赦し、柔和、愛、希望、信頼、そのほか多くのもの。これらは、私たちが互いに与え合うべき真の賜物です。(中略)ここに住む人は、すべての人がそうでないにしても、誇れるような才能を持っていません。お金を稼いだり、自由市場で競ったり、賞を取ったりして、社会に貢献できる人はほとんどいません。しかし、彼らの賜物は、何と眩《まばゆ》いことでしょう!」(『愛されている者の生活――世俗社会に生きる友のために』小渕春夫訳、あめんどう)

自分がすでに愛されていることを知らなければ、自分の価値を証明しようとしたり、愛されている者にふさわしくなろうとし続けるでしょう。この社会における自分の立ち位置は、自分の価値を証明しアピールすることによって成り立つと考え、私たちは皆、そのことに一生懸命になるのです。しかし主の食卓は、私たちが神によって愛されていることを思い起こさせます。

愛は分かち合うほどに豊かに広がっていき、神の国が表されていきます。欠けを補い合い、共に生きるためにお互いの持てるものを差し出す共同体。そこにイエス・キリストが招かれた教会の姿があります。パンの屑と魚の残りを集めると、一二の籠いっぱいになりました。そこから、人々の所へ出かけて行って、分かち合うのです。

15　逆風満帆

6章45〜52節

強いて舟に乗せられる

イエスは弟子たちを強いて舟に乗せて、その場から離れさせます。五〇〇〇人もの人が食べて満腹するという出来事があったなら、そこには感動と熱狂があったに違いありません。弟子たちはそこに残り、人々がイエスを称賛して、自分たちの働きに対しても大きな喝采《かっさい》を送ってくれることを味わいたかったのではないでしょうか。

イエスは群衆を解散させます。パンの恵みを誤解しないためです。人々はイエスを食べさせてくれる人ということで、メシアだと考えてしまうかもしれません。しかし弟子たちは、これはチャンスだと思ったでしょう。多くの人にしるしを行い、耳目を集めることができる。成功体験です。これをうまく利用しないわけはない、と。

イエスは祈るために山へ行かれました。そこから離れるためです。

先に舟に乗って向こう岸に渡ろうとしている弟子たちは、逆風の中で前へ進むことができず、難儀しています。自分の力で向こう岸へたどり着こうとしても、主がそこへ行くようにと招かれるところへたどりつこうとしても、できないのです。弟子たちはそのような夜を経験せざるを得ませんでした。弟子たちには、イエスが強いて離れようとしたことの真意がわからなかったでしょう。そして、もがいています。そのようなとき、私たちは見捨てられたと感じるのではないでしょうか。

逆風が吹き荒れる

普段私が一番よく使う交通手段は自転車です。自転車で走ることの醍醐味の一つは、自分の体で風を感じることです。身体を動かして風を感じるとき、充実した感覚に満たされます。坂を登るのに結構苦労することもあります。特に風の強い日などは一生懸命こいでいるのに、前へ進まない。いつもは前へ前へと身体を運んでくれるように思う風がまるで全力を上げて抵抗しているかのように、身体を押し返してきます。へこたれそうな気持ちを押し返し、よろけながら進んでいくこともあります。

逆風だと感じるのは、ただ風が強いからだけではありません。力を尽くしているにもかかわらず、進めない。事態が進展しない。それが苦しいのです。ただ翻弄されているというだけではありません。自分の能力や可能性を信じられなくなります。

止まっているように見えるとき、どのように進んでいくのか、何を目指していくのか、自分たちなりのあり方や生き方を問われているのかもしれません。逆風の中で進めないでもがき苦しんでいると無力を感じます。しかし、それは無意味なのでしょうか。そうではないかもしれません。

ある新聞の週末版に「逆風満帆」という連載がありました。さまざまな分野で活躍している人の歩みが紹介されているのですが、それが順風、つまりうまくいっていることばかりというより、挫折体験の中で得たこと、その後の歩みを紹介していました。私たち個人の人生にも、教会にもそのような経験があるのではないでしょうか。

弟子たちはイエス・キリストが分かち合われたパンを食べたのですが、今はその恵みとは反対の力に押し流されようとしています。それは社会の力といってもよいかもしれません。

初代の教会は、逆風の中の舟をまさしく自らの姿だと受け止めました。キリスト教が公認される以前、ローマ皇帝崇拝を拒否するなどの行為により、迫害にあい、常に転覆しそうな嵐の中を歩んでいたからです。イエスを信じて進もうとしても、社会の中で逆風にさらされて、そこから離れていってしまう危機をいつも抱えていました。

反対にあうという逆風もあれば、信じなくてもうまくいくという自己中心的な思いが、信じることや受け入れることから離れさせるという場合もあるかもしれません。人は必ずしも厳しい状況の中でのみ自分の姿を見失うのではなく、うまくいっている、成功体験を重ねていると思っているときに、支えられていることを見失い、委ねることから遠く離れて生きているということがあるのです。
忘れてはならないことは、イエスが祈っておられることです。イエスは「逆風のために弟子たちが漕ぎ悩んでいるのを見て」（48節）おられました。そこに、主のまなざしがあります。

「安心しなさい。わたしだ」

夜が明けようとしています。一晩中苦労してきた人に、疲れと無力感が重くのしかかります。「もうだめだ」と逆風の中で力尽きようとしているときに、イエスが弟子たちの方へ近づかれました。湖の上を歩いて近づかれたとあります。このことを見て、弟子たちはそれが幽霊なのかと思いました。恐怖や不安に凍りついていると、そこに救いの手があっても気づけないのかもしれません。
湖上を歩く主の姿は、私たちに思い起こさせます。この世界を神が創造されたこと、海、風、そうした自然界の調和の中にご自身を表しておられることです。自然も人も神の被造物として、神の支配のもとにあります。私たちはいつしか、自然も人間の支配のもとにあると考えるようになっています。地球温暖化や砂漠化の現象は、人間が創造の秩序を破っているために引き起こされています。荒ぶる海の中にもご自身をあらわされる方は、混沌と闇の中に光を与える主なのです。

それはちょうど、イスラエルの人々が奴隷として使われていたエジプトから脱出したときの出来事を思い起こさせます。エジプトを脱出したイスラエルの人々の行く手に海が広がり、後ろからエジプト軍が攻めてきました。絶体絶命の危機の状況の中で、荒ぶる水の中に神は道を備えられ、イスラエルはそこを通っていくことができました（出エジプト記14章）。

エジプトから脱出したときと違うのは、目の前にイエスが共におられるということです。イエスは「安心しなさい。わたしだ」（50節）と語られます。「わたしだ」はギリシャ語で「エゴー・エイミ」という言葉です。神がご自身を表されるときに使われる言葉です。かつて神がイスラエルの民をエジプトから解放するためにモーセを呼び出されたとき、「わたしはあるという者だ」と言われました（出エジプト記3章14節）。その同じ言葉がイエスによって宣言されます。

イエスは「安心しなさい。わたしだ。恐れることはない」と語りかけられました。自分の姿を見失い、神の助けを見失っている者に、神は近づき、そしてご自分の姿を現されます。それは自分の力の限界を嘆いている者に、大きな目的のために神が召しておられること、必要としておられることを示す声です。

嵐の中の教会

初代の教会のみならず、歴史の中を歩んできた教会はこの聖書の箇所に教会の姿を映し出してきました。私は一〇代の終わりに手にしたO・ブルーダーの『嵐の中の教会――ヒトラーと戦った教会の物語』やD・ボンヘッファーの生涯を通してドイツ教会闘争について知るようになりました。『嵐の中の教会』はフィクションですが、第二次世界大戦時のナチスが教会を全体主義的に統合し、反ユダヤ主義を持ち込んで、教会の信仰告白と宣教を本来の教えから形を変えようとしたこと、リンデンコップ村の教会の戦い、それに参与した牧師・信徒一人ひとりの信仰と生活を通して、揺れ動く教会の戦いを描いていました。

そのような嵐は日本の教会をも飲み込んでいました。私が栃木県の教会に在任中、関東教区で「日本基督教団罪責告白委員会」が立ち上げられ、委員の一人として戦時の関東教区の教会について調べました。宗教団体法による宗教界への国家統制が行われ、一九四二年六月ホーリネス系教会の一斉弾圧の際に解散した教会、検挙された牧師たちもいました。戦時のキリスト教会の被害者性のみならず、アジア隣国への加害者性と偶像礼拝への妥協ということも取り上げられました。沖縄キリスト教団の歩みと合同のとらえなおしについて学んだのも、教区の関わりにおいてです。こうした検証を経て、二〇一三年に関東教区『日本基督教団罪責告白』が教区総会において採択され、その後、改訂版『罪責を告白する教会――真の合同教会を目ざして』が刊行されました。

嵐の中の教会が経験したことを、未来の世代に対してどのように継承し伝えていくのか。そこには、逆風の中でもがき苦しみながら生きた教会の課題があります。その中で「あなたはどのように歩むのか」と語りかけておられる声を聞きます。

イエスが舟に乗りこまれると、風は静まりました。「弟子たちは心の中で非常に驚いた、パンの出来事を理解せず、心が鈍くなっていたからである」（51～52節）とあります。パンの出来事の成功体験が、イエスの救いを見えづらくしていたのでしょうか。逆風の中の経験は、イエスと共にある教会の姿を振り返らせる出来事となったのです。

16 心のありか

7章1～23節

二〇二〇年から始まった新型コロナウイルス感染症（COVID-19）は私たちの生活に大きな影響を与え続けています。教会でも礼拝や諸集会に人が集まることを制限したり、感染防止対策を取ったりしながら活動が行われています。祈り、賛美歌を歌うこと、挨拶をして安否を問い合うこと。そうした教会の交わりは、目に見えないウイルスによって脅かされているかのように感じられます。それは感染症対策という衛生上の課題であると同時に、人と人のつながり、交流の課題を浮き彫りにしています。人間が壊れやすい存在であることをあらためて感じます。だからこそ、互いの心をどのように形に表していくのかが問われているように思います。

イエス・キリストが活動していた時代、手を洗うことは衛生上の問題というより、宗教的な「汚《けが》れを清める」行為でした。宗教の教えが生活に根を下ろすには、具体的な形が必要となります。しかしいつしかそれが、本来の目的からそれて、人々を分断してしまいます。

イエスのもとにいた人々　ファリサイ派、律法学者

イエスの言葉と行いは、たえず論争を巻き起こしました。論争の相手となっているのは、ファリサイ派や律法学者たちです。「ファリサイ」という言葉は「分離する」という言葉からきています。彼らは、律法に忠実であることによって、律法を知らず汚れた民（ヨハネによる福音書7章19節）から自分たちを「分離」することで清さを守ろうとしました。律法に忠実に生きるといっても、律法は何百年も前に書かれたものです。それを実際の生活に適用する「ミシュナー」と呼ばれる解釈の規定を持っていました。その規定に基づいてファリサイ派は罪と汚れを避けて清い生活を保とうとしていたのです。彼らは非常にまじめで、誰よりも熱心に神に従おうとしていました。

しかし、こうしたファリサイ派の考えが民衆を絶望的な状態に追いやっていました。多くの人々は律法の解釈を知りません。結局のところ、ファリサイ派のように律法に忠実に生きるということは、一般の民衆には不可能だったのです。そして、ファリサイ派が熱心であればあるほど、他の人々は罪人だということになってしまいました。

律法学者は元来、律法を扱う法律家や筆写師のような役割を果たしていました。やがて一層、宗教的な地位を確立するようになり、ファリサイ派と結びつけられるようになっていきます。

ファリサイ派や律法学者たちはイエスに論争を仕掛けて陥れようとします。イエスは論争を通して、

さまざまな掟や慣習、社会通念のとらわれから人々を解き放ち、福音に基づく新しい生き方へと導かれます。

ここでは、イエスとファリサイ派、律法学者たちとの間で議論が起こっています。それは具体的な生活の場でのことでした。イエスの弟子たちが食前に手を洗わず、不浄な手のままでパンを食べているのを見とがめて、イエスの弟子たちは昔からの言い伝えや律法を守っていないのではないかと、イエスに尋ねたのです。

これに対して、イエスの態度は毅然としていました。旧約聖書イザヤ書の言葉を引いて、「この民は口先ではわたしを敬うが、その心はわたしから遠く離れている」（6節）と言われます。神の掟を捨てて、人間の言い伝えを守り、それを手放そうとはしない、と。

ファリサイ派は律法とその解釈である口伝律法を神と人の間に置きました。そのことによって、生きた神との交わりを見失ってしまっていたのかもしれません。イエスが取り戻そうとしたのは、この生きた神と人との交わりでした。

不浄の手
「手が汚れている」

イエスのもとに集まってきたファリサイ派と律法学者たちが言っているのは、衛生上のことではなく、宗教上のことです。市場から帰ってきたら、異邦人との接触で汚れたかもしれないので身を清めたり、買ってきた野菜や、それを盛る器も清めなければならないとされていました。

弟子たちの中の幾人かはそのような清めの習慣を行っていないと批判されました。ところでイエスはどうでしょうか。

6章41節ではイエスは食事の前には賛美の祈りをささげたとのみ書かれています。イエスは毎日弟子たちの前でもそのようにしておられたのでしょう。ですから、弟子たちは同じように行い、ある者は清めの掟に従っている者もいたでしょう。

興味深いのは、イエスはこの段階で弟子たちに手を洗うか否かについて、指示をしているわけではないということです。「そんなことは意味がないから、手を洗うな」と皆に対して言ってはいないのです。イエスの弟子たちの中にいろいろな振る舞いをする人がいたということは、それが大きな問題とはなっていないということだと考えられます。

神の戒めと人間の言い伝え

ここで問題になっているのは、手を洗ったか否かということではなく、「汚れと清め」に関することです。イエスは「あなたがたは神の戒めをさしおいて、人間の言い伝えに固執している」と言われます。目に見える「行為」を守っていくことが神の意志に沿うことなのだろうか。守っている者は優越感を抱き、自らの業を誇り、できない者を排除したり、差別することにつながります。

イエスは神が与えられた律法と人間の言い伝えの間にあることを見極めるために、十戒の第五戒「父と母を敬え」をどのように守っているかに触れていきます。「父と母を敬え」という律法をどのように守っているだろうか。「敬う」とは、重くするという意味があり、以前のように働くことができなくなった高齢者を軽んじてはならないという、尊厳に対する律法でもあります。「自分の父あるいは母を呪う者は、必ず死刑に処せられる」とは出エジプト記21章の律法です。

現代とは違い、社会保障がなかった時代には、高齢になった父母は子どもが扶養することによって生活が成り立っていました。しかし、律法を解釈する過程で、供え物を渡すことによって、その扶養義務を逃れようとする者が出てきました。「コルバン」は供え物、あるいは神へのささげものを意味するアラム語です。コルバンを渡せばそれでもう関わらなくてよいということは、父母への敬意に背くことになります。イエスはこのような解釈によってもたらされる、神の意志とかけ離れた状態を示したのです。

人を汚すもの

このようなイエスとファリサイ派、律法学者との対立はもともと汚れをどのように見るかということからきていました。彼らは外側で触れたものによって汚れがもたらされると考えていました。市場で異邦人に触れたかもしれない、食べ物も誰が触れただろうか、と。イエスは言われました。

「外から人の体に入るもので人を汚すことができるものは何もなく、人の中から出て来るものが、人を汚すのである。」（15節）

外から入ってくるものとは、食物のこと、外にあるすべてのものでしょう。しかしイエスにとって、汚れは外には存在しない。何かが汚れているということはない。誰かが汚れているということでもない。聖なる者と汚れた者との区別はありません。

イエスはその区別を除きました。その区別によって、人々は優劣や境界をつくり、差別を生み出していたからです。宗教が教義によって差別を固定化することは、決してまれなことではありません。神の望まれることは、さまざまな外面的な汚れを避けることではなく、人間の内側から出てくるものだと言われるのです。

人を汚すもの。それはイエスによれば、人の言葉であり、その根っこにあるそれぞれの心です。イザヤ書の引用で「この民は口先ではわたしを敬うが、その心はわたしから遠く離れている」と言われます。この「心」という言葉はヘブライ語では「レーブ」という語です。

箴言4章23節には「何を守るよりも、自分の心を守れ。そこに命の源がある」と記されています。ここでの「心」も「レーブ」です。旧約の時代から、心のありかが大切にされてきたのです。宗教には形式がありますし、その形が伝え、守るものがあるのも事実です。人は形から入っていくということがあるからです。

しかし、それが口先や形だけに終始していくとき、置き去りにされているのは本来、あなた全体を支えているはずの「心」ではないか、と問われているのです。

17　境界線の向こうに

7章24〜30節

線を引く

人は社会の中で境界線を引いて、内と外を規定します。それは外側を排除することによって内側を守る機能を持っています。現代でも国家、民族、宗教、性……といったそれぞれの属性に対して、境界線が設定されがちです。その境界線は自明のようでいて、人がつくったものでもあり、揺らぐことがあります。内側を守ろうとしていた人々からすれば、それは脅威となるでしょう。神の愛を伝えるという大きな業の中で、その境界線を突破せざるをえないことが次々と起こってきます。

ガリラヤ地方で宣教活動を続けていたイエスは、ティルス地方、異邦人の地に行き、誰にも知られないように時を過ごそうとされました。多くの人をいやし、疲れを覚えておられたからかもしれません。しかしそこにもイエスの評判を聞いてやってきた人がいました。

その女性はギリシア人で、シリア・フェニキアの生まれでした。イエスの名が異邦人の土地でさえ有名になっていたということかもしれませんが、それだけではないように思います。隠れていたイエスが見つけられたのは、病気の子を抱えたこの母親が必死になって探したからです。異邦人であった彼女は、イエスの足元にひれ伏して懇願します。「娘から悪霊を追い出しください」と。娘を助けたい一心だったのでしょう。当時、病は悪霊に取りつかれている結果と考えられていました。女性と娘は社会から境界線の外へと追いやられています。この女性が足元にひれ伏したことは、彼女がいかに切実な思いでいるのかを表しています。

イエスは言われました。「まず、子供たちに十分食べさせなければならない。子供たちのパンを取って、小犬にやってはいけない」(27節)。子どもたちはユダヤ人のことを指しています。イエス・キリストの救いはユダヤ人に十分に与えられるべきものだということです。そして、小犬すなわち外国人にやってはいけない、と言われました。

今まで私たちが受け取ってきたイエスの姿とは随分違うように思えます。必死に助けを求める女性に応答することを拒み、彼女のような人に与える物はないと否定し、挙句の果てにその人を小犬になぞらえるのです。

しかし、彼女はギリシア人でシリア・フェニキアの生まれでした。ユダヤ人からみれば「異邦人」であり、その中でも女性でした。この時代のユダヤ人男性の常識から考えるならば、関わりを持つことなどできない、禁じられたことでもありました。「子供」といわれるユダヤ人たちの無理解に直面しながら、心がいっぱいだったのかもしれません。そこには民族、性差、宗教の違いという線が引かれています。それでもイエスはこの女性に向き合い、その中で応答が起こっています。

境界線を突破する

彼女は答えます。「しかし、食卓の下の小犬も、子供のパン屑はいただきます」（28節）。彼女がこのように答えたとき、そこでは私たちが出会いと呼ぶものが起こっているのではないでしょうか。疲労困憊しており、本来出会うはずのない線の外側にいる女性との出会いです。そして救い主の中で変化が起きます。私たちはその場面に立ち合っています。

それは率直なイエスの言葉となって言い表されます。「それほど言うなら、よろしい。家に帰りなさい」（29節）。それほど言うなら！　彼女の切羽詰まった強い願いです。彼女は自分が何と言われるかということに構ってなどいられない、娘がいやされるならば、それでいい、そう願っています。イエスに言われた言葉を用いて、子犬でもパン屑はいただきます、神の恵みの切れ端でもいただきたいのですと食い下がるのです。

マタイによる福音書の同じ場面では、イエスは女性に「あなたの信仰は立派だ」（15章28節）と言われました。「信仰」は神が働かれることを信頼することです。それはこの女性が娘を生かしてやりたいと願った、その願いをイエスは「信仰」と言われたのでしょう。

「悪霊はあなたの娘からもう出てしまった」。娘はいやされました。この女性は異邦人、触れることができない者、社会の周縁に追いやられていた一人でしたが、娘と共に、新しいいのちを与えられました。

この出会いはイエスが民族、宗教的な境界線を突破し、彼女の側へ踏み出す機会となりました。「イエスとはだれなのかについての彼女の直観と周縁化された人々に対するイエスの感性とが、一つの渦に巻き込まれ、双方に変革を起こした」のです（『女性たちとイエス——相互行為的視点からマルコ福音書を読み直す』絹川久子著、日本基督教団出版局）。

線を描き直す

そこで線が描き直されています。ユダヤ人と異邦人、男性と女性、当時の社会にあっては当然とされていた線が消え去って、救い主とはどのような方であるのか、何をするために遣わされたのか、新しいビジョンが示されます。イスラエルの失われた民のところへ遣わされているということにとどまらず、世界を救いへ導く、あがなう主であること。この異邦人の女性からはじめて、ユダヤ人も異邦人も救いへと導く主であること。彼女の切なる願い、信仰を通して、イエスは神が与えておられる目的、その救いが及ぶ範囲ははるかに大きいことに気づきました。

線を描き直す。神の召しに応えることは、自分が引いた線の内に自ら閉じこもることではないのです。その範囲を狭めたり、自分で決めるのではありません。神が計画しておられることは、今見えていることよりもはるかに大きいかもしれないのです。

イエスが差し出した手は、ここで止まってしまいませんでした。はるかに広げられたその手は、十字架の上で腕を広げたままで釘打たれるまでに広げられていきます。

神は、私たちを呼び出しておられます。繰り返し繰り返し、小さく見積もろうとする私たちに対して、古い境界線を広げていくように。それは自分の世界を広げて侵略するためではありません。外側にいると思われる人を神が迎え入れておられるのだということに、共にあずかるためです。向こう側の世界にも神の働きがあり、私たちはそれに呼びかけられているということに気づいて、踏み出すためです。

神のご計画はイエスがこの女性と出会われたシリア・フェニキアの地からはるか離れて、東の果てと思われたこの地まで届きました。

そして、キリストによって変えられた女性たち、社会は変えられると信じた女性たちは、宣教師の手によってだけではなく、自らの手によって教育の場を切り開いてきました。それは当時の社会から見たならば、線を踏み越えて描き直すことだったのではないでしょうか。

二〇二二年、上野にある浄土宗の法善寺にて、仏教、イスラム教、キリスト教それぞれの死生観、性差を語り合う「宗教を知ろう」講座が開かれました。私は講師としてキリスト教についての話をさせていただきました。それぞれの立場の話を聞いている中で気づいたことは、キリスト教は宗教の中でも、いろいろなことを乗り越えていこうとする力がとても大きいということです。

テーマの性差ということについて、各宗教で女性の宗教者の位置や信徒の決定権についても触れられました。日本におけるプロテスタント教会では、一九〇六年には日本基督教会長老・執事の性別規定の撤廃と論争があり、一九二〇年、日本基督教会大会で女性長老を認める決議がなされ、女性も教職となることができることを確認しています。女性が教会で決定権を持つことが認められたのです。そして一九三三年には高橋久野《ひさの》牧師が女性として最初に按手を受け、佐渡教会の牧師となります。日本では女性が参政権を得たのは第二次世界大戦後、一九四七年です。

日本の女子教育についていえば、明治期において欧米のキリスト教宣教師の女子教育への役割は非常に大きいものでした。一八七三年にキリスト教が解禁され、キリスト教諸教派によって女子教育の学校が創設されました。また、津田梅子が女子英学塾（後の津田塾大学）を、河井道は恵泉女学園を創立するなど、日本人女性が自ら学校を建てていきました。彼女たちを支えたのは神が使命を与えられたというキリスト教信仰です。

それは社会の中における平和と尊厳を求めて活動しているＹＷＣＡ（キリスト教女子青年会）や日本キリスト教婦人矯風会のような団体の働きとも連動しています。神が求めておられる世界。平和を望み、人の尊厳が守られる。脅かされずに食べ物を分かち合う。助けが必要なときに助けを求める。そうしたことも線を越えていくことです。

教会で女性たちには牧師として実質的に働きの場が与えられず、苦闘してきた現実があります。その中で、互いに手を取り、つらさを分かち合いながら、あのシリア・フェニキアの女性のように切に求めてきました。女性たちが自ら求め、手を伸ばし、当たり前とされてきたことを問い直していく、乗り越えることができると信じる、イエス・キリストの福音によって引き出されていく力が歴史の中で働いてきたのです。

18　ついていこう

8章22節〜9章1節

何か見えるか

私たちはマルコによって手引きされ、喜びの福音を聞いてきました。それはイエス・キリストはどのような方であり、イエス・キリストの福音に聞き、従うということについての知らせでした。イエスの言葉と業によって、神の国が到来する喜びが広がっていくことを見聞きしてきました。

しかしここで、この福音書における転換点を迎えています。私たちはイエスの姿をどのように見るのか、キリストの弟子であるとはどのようなあり方なのかを問われるのです。

ガリラヤ湖の北方ベトサイダに到着すると、一人の盲人がイエスと弟子たちのところへ連れてこられます。イエスはその人の手を取って村の外へ連れ出し、目に唾をつけて両手をその人の上に置きました。一連の業をイエスが導き、手当てをしています。イエスはその人に尋ねます。「何か見えるか」（23節）。すると盲人は見えるようになり、顔を上げて言います。「人が見えます。木のようですが、歩いているのが分かります」と。彼にはぼんやりと、しかし今まで見えなかった姿が見えるようになりました。

このいやしは二段階になっています。イエスはもう一度両手を彼の目に当てられました。彼は「よく見えてきていやされ、何でもはっきり見えるようになった」（25節）とあります。今まではおぼろげであったものが、はっきりと見えるようになる。このいやしは視力についていわれているだけではなく、「あなたは何を見ているのか」というイエスの問いを含んでいます。人々の賞賛と熱狂か、与えられる栄誉か。本当に見なければならないことは、これから始まるのだ、と。あなたがたは、ぼんやりと「見える」のではなく、「はっきりと見て」従ってきなさい、と。

あなたがたは何者だと言うのか

その後、イエスたち一行が向かったのはフィリポ・カイサリア地方、ガリラヤ湖のはるか北方でヨルダン川の水源近く、ヘルモン山のふもとで自然の美しい地です。リトリートにうってつけのこの地から、ガリラヤを越えてエルサレムへ向かう受難の旅が始まっていきます。

イエスは弟子たちに「人々は、わたしのことを何者だと言っているか」（27節）と尋ねられました。人々は口々にイエスのことをうわさし合っていました。「洗礼者ヨハネだ」と言う人もあれば、「エリヤだ」「預言者の一人だ」と言っている人もありました。今ここで弟子たちに問いかけられているのです。「それでは、あなたがたはわたしを何者だと言うのか」（29節）。それはここまでマルコによる福音書を読んできた私たちに対する問いでもあるでしょう。そのことを示すために、ここまでこの福音書は記されてきたといってもよいかもしれません。

「網を捨てて、私について来なさい」と招かれ、呼びかけられた弟子たちは、イエスと共に歩んできました。目にしたのは、重い皮膚病のために人々の交わりから遠ざけられ、神の祝福の中にはないと思われていた人にイエスが触れ、その孤独と病からいやした姿でした。歩けなかった人がもう一度起き上がり、人々の間を賛美しながら歩いていきました。目の見えなかった人が救い主の姿を認め、本当に見るべきものを見ることができるようになりました。耳の聞こえない人は、何を聞くべきなのか、誰の声に聞き従うのかを示され、人々にそれを証ししました。

そこで起こっていたことは、まぎれもなく救い主、油注がれた者、メシア、キリストが来られたときに起こる出来事だったのです。

イエスの語る言葉は律法学者たちのように、説明する言葉ではありませんでした。まさしく「神の国は近づいた」（1章15節）ことを証しする力強い言葉でした。ペトロは答えます。「あなたは、メシアです」（29節）。そして、私たちもこの福音書から聞きながら、やはり思います。「あなたはメシアです」と。しかし、イエスはそのことを誰にも話さないようにと戒められました。なぜでしょう。このようなすばらしい業があるのに。このようにすばらしい、権威ある、力強い言葉があるのに。神が共にいますことを表している、まさしくメシアがここにおられるのに。

メシアとはどのような方なのか

イエスは、「人の子は必ず多くの苦しみを受け、長老、祭司長、律法学者たちから排斥されて殺され、三日の後に復活することになっている」（31節）と教えられました。

ペトロはそのことを聞くと、イエスを脇へ引き寄せて、いさめ始めました。するとイエスはそのペトロに向かって「サタン、引き下がれ」（33節）と叱責されたのです。「サタン」は「敵対する者」「誘惑する者」のことです。ペトロの思いは理解できます。しかし、イエスはペトロの心は神の意志ではなく、人の思いに向けられている、と言われました。

イスラエルのメシア待望は、地上の王国の繁栄が回復するという強者のイメージでした。ペトロも弟子たちもイエスこそ、解放者であり、メシアであると信じていました。イエスが群衆が望むようなメシアの役割を果たしてくれると思っていました。しかし、イエスは苦しみを受け、弱くされ、力を奪われた者になることによって、神の力が現れる、それが神の意志だと言います。キリストにおいて示される神の国は、大衆受けのするプロパガンダ（宣伝文句）ではないのです。

十字架につけられる神など、誰も思い描いていませんでした。もちろん、弟子たちも。しかしこれこそ、私たちがはっきりと見なければならないことです。

キリストに従う

そして、群衆を弟子たちと共に呼び寄せて言われました。つまり、弟子たちのように、すでにもうイエスのことはわかっていると思っている人と初めてその場にいた人たちを同じところにおいて、言われました。「わたしの後に従いたい者は、自分を捨て、自分の十字架を背負って、わたしに従いなさい」（34節）。

最初に問われているのは、「あなたはイエスに従いたいですか」ということです。だれも、イエスに従うことを無理強いすることはできません。イエスに従うことは、イエスを愛し、その言葉と業を共に担う者となりたいと願うことです。もしそうなら、二つのことが求められます。それは、自分を捨てること、そして自分の十字架を背負っていくことです。

イエスは「自分を捨て」と言われました。イエスの招きに応えることは、私のいのち、関わり、賜物、そのすべてを神から与えられたものとして受け止め、生きることです。もしそれらを自分の所有物で、自分の思いだけで動かせると考えてしまうならば、イエスに従うことはできません。神から愛されている者として、与えられたものをどのように用いて生きていくことができるだろうか。そう考えるところに、神の召し（call）に対する応答（response）があり、責任（responsibility）の根があります。

「自分を捨て」とは大きな誤解をもって受け止められた言葉でもあります。これは滅私奉公のように大きな権力の前で自己を否定し、現状にとどまるようにと言われたのではありません。あるいは、禁欲的になって所有するものをすべて放棄するように言われているのでもありません。また、性別や性的指向によって召命の機会が奪われてしまうような事態を受け入れよ、自分の召命を放棄せよと言われているのでもありません。

イエス・キリストは、キリストに従うことによって私たちが持っている賜物を十分に発揮することへ召しておられるのです。キリストに従うことによって、本来の輝きと豊かさを取り戻すことができるのだ、と。自分が自らの主であると考えている間は、私たちはむしろ自分の賜物を序列化して見失うのです。「自分を捨てる」とは、自分がどうにかするという今までのやり方とは違う。神が何をなさるかということに、自分をささげていくあり方です。

そして、「自分の十字架を背負って、わたしに従いなさい」と言われました。神の意志を求める生き方には、十字架が伴うというのです。平和と正義へ導くキリストに従うことによって、人々の無理解や嘲りを受けることもあるかもしれません。それはキリストに従うところで生まれるものです。キリストに従うあり方は、一人ひとり異なっています。「自分の」十字架を負ってといわれるゆえんです。しかしまた、そこにおいて一人ひとりがキリストの愛と出会います。

D・ボンヘッファーは『キリストに従う』（森平太訳、新教出版社）において「聖書がイエスに対する服従について語る時、それによって聖書は、あらゆる人間の規則や、人間を抑圧し・人間に重荷を負わせ・思い煩いや良心の苦悶を与えるあらゆるものから、人間を解放することを宣べ伝える。服従において、人間は、自分の律法の過酷なくびきを脱して、負いやすいイエス・キリストのくびきのもとに来る」と語りました。

「自分の命を救いたいと思う者は、それを失うが、わたしのため、また福音のために命を失う者は、それを救うのである」（35節）。自分の命を救うあり方とは、すべての目的が自分の中にあるような生き方のことです。キリストは私たち一人ひとりの命がかけがえのないものであるからこそ、神の愛と赦しの中に生きるように、隣人との交わりに生きるように、キリストに従う者へと招いておられます。

19　ともし火を目指して

9章2〜13節

山に登る

受難予告から六日の後、イエスはペトロ、ヤコブ、ヨハネを連れて山に登ります。「高い山」は神の御心が示されるところでした。受難予告という「ことば」によって示されたことが、ここで「出来事」を通して表されようとしています。ことばで語られて、その業が完成するのは六日の後ということを表しているのでしょうか。神の業が完成するときです。出エジプト記では、モーセがシナイ山に登り、教えと戒めを記した石の板を神から授けられ、六日の後、雲の中から主はモーセに呼びかけられました（出エジプト記24章12〜16節）。

山の上で、イエスの姿が変わりました。「服は真っ白に輝き、この世のどんなさらし職人の腕も及ばぬほど白くなった」（3節）とあります。「イエスとは誰なのか」という問いに対して、雲間の霧が晴れるような出来事が起こったのです。イエスの受難予告では十字架の死の後、復活することが告げられていましたが、山上でのイエスの光り輝く姿は、受難の後の栄光の姿を表していました。

山上で弟子たち三人はエリヤがモーセと共に現れて、イエスと語り合っているのを見ます。

モーセはイスラエルの人々をエジプトの強制労働と奴隷の生活から、自由の地へ導きだした人でした。行く手は厳しく、人々は食べ物がないことや生活の不安から、エジプトへ帰りたいと言い出しました。脱出してきた民は、民としてまとまっていたわけではありませんでした。シナイ山でモーセに十戒が与えられ、人々は初めて「神の民となる」方向を示されました。旧約聖書の最初の五つの書物は「モーセ五書」と呼ばれますが、ユダヤ人はこの全体を「律法」と呼んでいます。

エリヤはそよ風の吹く静けさの中で神と出会ったのでした。エリヤは旧約聖書で、モーセ以降最大の預言者と呼ばれました。すでに王国となっていたイスラエルで、雨がなく、飢饉が激しく、アハブ王の妻であったイゼベルが雇っていた、バアルというカナン地方の豊饒神に仕える預言者たちは雨乞いをしていました。それを知ったエリヤは一人、カルメル山に祭壇を築いて神に祈ったところ、エリヤのみが奇跡をなし、その後雨が降ったといわれています。エリヤはイエスの時代では、常に人々が待ち望む偉大な人であり、聖書にその死について記されていなかったことから、いつかエリヤが再びユダヤに来るとうわさされていました。洗礼者ヨハネもエリヤの再来と呼ばれました。

モーセとエリヤは、「律法と預言者」を目に見える形で表した人物、旧約聖書を代表する二人ということです。その二人とイエスが話し合っていたという出来事は、イエスのこれからの歩みが聖書に基づくものであり、神の計画の中にあることを示そうとしているのです。

その場にいた弟子たちは日常の中でのイエスを知っていました。共に寝起きし、旅を続ける親しい方でした。身近なところにいる方だったのです。

しかしこのとき、彼らはイエスがモーセやエリヤに示されてきた神の御心を表す存在であることを知らされました。それは日常とは異なる次元の経験でした。

イエスの正体

私たちは「正体」という言葉に、あまりよいイメージを持っていません。正体を暴露するというと、きれいな外見に隠された腹黒さをあらわにするようなイメージがあるのかもしれません。

しかし、ここでは全く逆のことがいわれています。すなわち、イエスの顔が太陽のように輝き、衣が光のように白くなった、と（マタイによる福音書17章2節）。それは光に照らされた瞬間でした。いつもは少しのパンでも分け合うことでユーモアをもって楽しい食卓へと変える方が、今は光に照らされている。イエスの「正体」を知って、失望するというのではありませんでした。むしろ、イエスと共にある日常がなぜこれほど豊かなのかを深く理解することができる、そのような体験だったのです。

日常のイエスの姿と今ここで表されている姿はどちらもイエスご自身です。

モーセはイスラエルの人々をエジプトの奴隷状態から解放しました。エリヤは預言者中の最大の預言者といわれ、神の言葉を実に激しく語った人でした。イスラエルの人々はこの二人を通して、神が自分たちを捨ててはおられなかった、ということを思い起こしました。

だからこそ、イスラエルの人々は、世の終わりが来て、解放のときにはモーセとエリヤが姿を現すと信じていました。旧約聖書マラキ書3章22〜24節には「わが僕モーセの教えを思い起こせ。わたしは彼に、全イスラエルのため　ホレブで掟と定めを命じておいた。見よ、わたしは　大いなる恐るべき主の日が来る前に　預言者エリヤをあなたたちに遣わす。彼は父の心を子に　子の心を父に向けさせる。わたしが来て、破滅をもって　この地を撃つことがないように」とあります。これが旧約聖書の最後の言葉です。弟子たちにとって、山上のイエスの姿は、この旧約の約束が今まさに実現したと感じられたでしょう。

栄光をとどめておくために

ペトロはこの栄光の姿を見て、思わず「先生、わたしたちがここにいるのは、すばらしいことです」（5節）と言います。「すばらしい」とは「美しい」とも訳されます。それはこれから起こっていく苦難にも耐えさせる、慰めに満ちた経験です。

　そしてペトロは続いて言います「仮小屋を三つ建てましょう。一つはあなたのため、一つはモーセのため、もう一つはエリヤのためです」（5節）。ここで「小屋」と訳されている元の言葉は「天幕」です。旧約聖書では「幕屋」とも訳されてきました。祭壇の置かれた場所であり、後に神殿の至聖所を指すようになりました。ペトロはこの栄光をとどめておきたい、自分たちの歩みがここにつながっていることを示したい、そのような思いに駆られました。そのために「建てたい」と。しかし、幕屋は本来、神が民と共にいますことを示すためのものです。目に見える建物ではなく、今やイエス・キリストの体によって、表されているのです。

　イエスの苦難の歩みは、神が共にいますという栄光へとつながっている。それがこのときに弟子たちに示されたことでした。それは暗い所に輝くともし火のような経験だったと思います。

　すると、雲の中から神の言葉が聞こえてきました。「これはわたしの愛する子。これに聞け」（7節）。それは、イエスが洗礼を受けられたときの神の祝福の言葉であり、イエス自身が使命へと召されたときの言葉でもあります。ここでもう一度、その言葉が語られたことには大切な意味が込められています。各地で広げられてきたイエスの業と同様、これからの受難の道行きが神の意志によるものであることが宣言されたのです。

神に従うことで、モーセはモーセになり、エリヤはエリヤになり、よきサマリヤ人はよきサマリヤ人になりました。神の召命が苦しみの叫びと深く関わっているのと同じように、神の招きを受け入れることで、私たちは神が与えられた賜物に生きる者となります。

ペトロは小屋を「建てよう」としました。けれども神は「これに聞け」と言われます。弟子たちにイエスに聞き従い、同じ道を歩むようにと招かれる言葉です。

山から下りる

イエスは弟子たちと共に山を下ります。それは、自らの使命へと向かっていく道行きです。山は静かに神の語りかけに聞く場ですが、イエスはその山を下りて、人々が苦悩を背負い生きている暮らしの中に分け入っていかれるのです。「福音（喜びの知らせ）」を人々と分かち合い、人々の苦悩を共に担うために。

イエスに従う者たちは小屋を建て神々しい雰囲気の中で神を仰ぐことから、この世のただ中でイエスに聞き従いつつ生きることへと導かれていきます。日常生活の中で、神の栄光を表すためです。

イエスはご自身の復活まで、山上での出来事を誰にも話してはならないと弟子たちに命じられました。こうした秘密の命令に出会うたびに、私たちは疑問を持たざるを得ません。なぜ、わかりやすく

「しるし」を人々に言い表さないのだろうか。その方が手っ取り早く、人々にイエスが救い主であることが伝わるのに、と。

イエスはエリヤが来たときのことを思い起こさせます。人々は、たとえエリヤが来ようとも、自分たちの思い描いた救いでなければ、「好きなようにあしらう」のです。

山から下りて、十字架へと向かうイエスに従っていくことがどのようなことなのか、弟子たちはその旅を続けます。

20 信仰のないわたしを

9章14〜29節

悪霊に取りつかれて

山から下りた一同が他の弟子たちのところへ行ってみると、そこには群衆と律法学者たちがいて、混乱した現場に出くわしました。山上でのイエスの栄光の姿を見て、礼拝をささげた感動はそのままで終わることなどありませんでした。いきなり現実の渦の中に巻き込まれていきます。イエスは山上で与えられた祝福と力を携えて、その渦へと入っていかれます。

残っていた弟子たちは群衆に囲まれて律法学者に議論を仕向けられて、困惑していました。イエスがその事情を尋ねると、群衆の中の一人が答えました。弟子たちはイエスから悪霊を追い出す権威を与えられていましたが、その務めを果たすことができなかったのです。そこへ、下山してきたイエス一行が現れました。

そこで議論されていたことは、苦しんでいる親子のことでした。一人の父親が、息子のことで弟子たちのところに来ていました。息子は幼い頃から、病の症状に苦しめられていました。急に地面に倒れたり、口から泡を出し、歯ぎしりして体をこわばらせてしまいます。突然起こる発作によって、火の中や水の中に投げ込まれるかのように倒れてしまったこともあります。そのたびに、父は息子に駆け寄り、必死に助けてきたのでしょう。

当時、原因のわからない、発作を伴うような病は悪霊に取りつかれているのだと考えられていました。その病は息子のいのちを脅かすものです。しかしそれだけではないのです。この父親は息子の病気によって、自分たちの家族の将来を思い描くことができない。信じる思いが薄れていく中で、それぞれがばらばらになったり、責め合って前に進めなくなっているのかもしれません。

神を信じるということは、生きていくことの基盤、神に守られている人生であること、自分なりに未来へ向けて歩んでいく、そういう信頼感、信に基づいて生きるということです。

悪霊に取りつかれるというのは、そこから引き離されてしまうことです。自分が生きていることなど、別に何の意味もないのだ、どうせスペアはいくらでもいる、どうせ努力したところで評価されるわけでもないし、人から理解されたり大切に思われたりするわけでもない……。そういう思いに取りつかれてしまうのです。本来の、その人に与えられている健やかな生から遠ざかっているあり方といえるかもしれません。信に基づいて生きられていないということです。

この父親はやむにやまれぬ思いで、もう自分にできるすべはないと、イエスのところへやってきました。イエスと三人の弟子たちは山へ行っていましたから、それならばと他の弟子たちに息子のいやしを頼んだのですが、弟子たちにいやすことはできませんでした。

自らの不信仰を知る

イエスは「なんと信仰のない時代なのか。……その子をわたしのところに連れて来なさい」(19節)と言われました。イエスのところへ来たとたんに、息子は発作で倒れました。イエスは父親に尋ねています。「このようになったのは、いつごろからか」(21節)。

人々はなぜ、父親に尋ねなかったのでしょう。まず、苦しんでいる人の話を聞こうとしないのでしょう。当事者に話を聞いていない。苦しんでいる人に寄り添うより先に、「これはどういうことか」を議論してしまう。それは私たちの姿かもしれません。

イエスは議論の輪に入るのではなく、つらい思いをしている人と面と向かわれたのでした。父親は、真正面から向き合うイエスのまなざしを感じました。息子の父はイエスに願い出ました。「おできになるなら、わたしどもを憐れんでお助けください」(22節)と。この父親は今まで、子どものために手を尽くしてきたでしょう。そのたびに期待は裏切られて、失望することを繰り返してきたのかもしれません。彼はさんざん味わってきた失望ゆえに、うまくいってもいかなくても、傷つかないでいようとしているのです。

するとと主は、「『できれば』と言うか。信じる者には何でもできる」(23節)と告げられました。そのとき、父親はすぐにこう叫びました。「信じます。信仰のないわたしをお助けください」(24節)。イエスの語りかけによって、父親は神の前に留保することなく、自分を投げ出します。他でもない、「信仰のないわたし」です。私たちはしばしば、原因のわからない苦しみを前にして、割り切った正しさや、強がりを語ります。しかし、信じられないという現実、限界を神の前に差し出すことこそ、信仰なのではないでしょうか。父親はもはや息子ではなく、「わたしをお助けください」と願います。

この言葉は信仰というものの大切な面を言い表しています。確かに信じたいと思っていながら、信じることができない自分がいる。その相反する思いを抱いている私を、「主よ、救ってください」と叫ばざるを得ないのです。「信じる」ことは確かに自分の主体的な決断です。しかし、それは神の働き(聖霊)によって導かれるものです。信仰がない私のために神が道を開いてくださる。だからこそ、自らの不信仰を知ることは、信じることへの一歩です。自分自身の不信仰を知ることによってのみ、人は信仰が神の贈り物であることを慰めをもって告白することができるのですから。

祈りによらなければ

イエスは汚《けが》れた霊をお叱りになり、その霊を名付けられました。「ものも言わせず、耳も聞こえさせない霊」(25節)と。その汚れた霊は、人から言葉を奪い、人の言葉を聞こえなくします。それは身体的な機能の問題というより、人との交流のことをいおうとしているのでしょう。聴覚などに障がいがあっても、コミュニケーションをとることはできます。言葉は信頼によって生み出されるものです。この息子は病によって殻の中に閉ざされ、自らを表すことも人からの言葉を受け入れることもできなくなっていたのかもしれません。

イエスの「この子から出て行け」(25節)という力ある言葉によって解き放たれ、イエスが起き上がらせて、彼は立ち上がりました。「立ち上がる」の原語のギリシャ語は(神が)「起き上がらせる」「復活する」という意味でも用いられます。当時のユダヤ人にとって、病気がいやされることは死と復活の関係と同様に、古い生命の危機から新しいいのちへ導かれることだったのです。

私は一九九〇年代の一時期、福島県のキリスト教に基づくフリースクール「ニューライフカレッジ」でスタッフをしていました。そこでは学生とスタッフが一緒に食事当番をしていたのですが、個人的な話が聞けるのは台所だったように思います。「こんなことがあってさー」という話を、じゃがいもの皮をむきながら、自分の心の皮も一枚一枚脱いでいくように語っていく、そういう場です。ですから、必ずしも面と向かって説明される言葉ではなく、切れ切れに出てくる言葉です。その中で一緒に生活したり、祈ったりしていました。

Sくんは中学時代にいじめにあって、学校に行けなくなっていました。フリースクールでは勉強をするほかに、一緒にパンを焼いたり、おかしを焼いたりしていました。彼は一六、七歳でした。その後の生活について、厳しい状況の中で進むべき方向を模索し続けていました。

その彼が、一〇年ほどたって訪れてくれました。彼の繊細さが旅館のフロント業務に生かされている、と知りました。道筋を探していく中で悩んだり転んだりして、つらい中で悲しさを抱えたときに、自暴自棄にならずに何とか持ちこたえていく。そして自分の可能性を自分なりの歩み方、テンポで支えていく。そんな彼の信の底に日曜日の礼拝、毎朝毎夕の集いで聞いてきたイエスのあり方があったのではないかと感じました。

イエスはその息子を立ち上がらせました。それは、信に基づいて生きる生へと導かれたということです。自分の殻に閉じこもるのではなく、極彩色で色づいているかのような現実の世界の中で、時には助けを求め、時には喜びの叫びを上げ、人は生きていきます。

彼の人生は、ここから聖霊によって「共に生きる」あり方へと変えられていったのです。

イエスは弟子たちに、なぜ自分たちにはあの霊が追い出せなかったのかと尋ねられて応えられます。「祈りによらなければ決して追い出すことはできない」(29節)と。祈りは自分の限界を知り、神が働かれる現実に仕えることです。あの父親と息子にもたらされた救いのように、子どもの人生が神の導きの内に、守りの内にあるようにという祈りがなければ、本当の意味での救いはないということなのではないでしょうか。

21　さびしさのレッスン

9章30～37節

受難予告

人々から離れて、イエスは弟子たちと旅を続けます。イエスは弟子たちに「人々の手に引き渡され、殺される。殺されて三日の後に復活する」（31節）と二度目の受難予告をされます。弟子たちは最初のときと同じく、その言葉が理解できずにいます。「怖くて尋ねられなかった」（32節）のです。イエスの受難、十字架への道がわからない弟子たちの姿です。

「わからない」のは、「そうあってほしくない」からです。自分たちが望んでいた救い主の姿ではないからです。受難への道行きを進むイエスは、繰り返しその弟子たちのあり方に寄り添っているということができるでしょう。無理解のまま放っておくのではなく、何が違うのかを明らかにしているのです。

その道を共にたどりつつ、私たちもイエスの救いが何であるのか、ベールが少しずつはがれていくように、核心に迫っていきます。

誰がいちばん偉いか

弟子たちは、旅の途中で議論をしていたのです。というと、何だか高尚な感じですが、話し合っていた中身はあまり高尚ではなさそうです。イエスに「何を議論していたのか」（33節）と尋ねられて、弟子たちは黙っていました。あまり知られたくはない中身だったからでしょう。議論というより、心の中ではかっかとしながら言い合っていたという方がふさわしいかもしれません。彼らが話していたのは「だれがいちばん偉いか」（34節）ということでした。

そういうと、「何だ、イエスの弟子といえども、この世の人と変わらない、誰が偉いかということに汲汲となっているような、そういう集まりなのか」といわれるかもしれません。その通りということもできると思います。そして、それが社会で生きるということなのだと思うのです。集団の中で生きるというときに必ず起こるのは、誰が偉いかということです。では、そういう話をしている人がいつもそのことだけを考えているかというと、別の面も持っています。

彼らは、イエスに「網を捨て、わたしについてきなさい」と言われて、イエスの後をついていった人たちでした。生業を捨て、安定した生活を捨て、放浪者になるということですから、すごい決断だったはずです。けれど、そういう信仰的な決断をした人たちであっても、集団の中に入れば、「誰が偉いか」ということが関心の中心になります。彼らは一面でイエスとの関係の中で、一途にイエスについていくという気持ちがあります。同時に、弟子たち同士の間では、やはり認められたいという思いがあるのです。

認められたい、という思いは私たちが生きていくうえで、ずっとついてきます。誰もががんばっていることを認めてほしいという願いを持っています。とても大切なことだと思います。弟子たちが話していた、「だれがいちばん偉いか」ということは「くだらない」と思いますか。

私たちも日常的にそれをやっています。私たちはたとえば、コンプレックスがあって、「自分なんか」と思ってしまうことがあります。他の人と比べたら、自分など取るに足りない、欠点ばかりでいいところなんかない。そう思うこともあれば、人と比較してまだましかなと思ったり。そういう中で揺れ動きながら生きています。

無教会の指導者であった高橋三郎先生が『ドイツから見た日本』（聖燈社）という著書の中で「人の奴隷になったり、卑屈になる根源は、きわめてしばしば、人から喝采《かっさい》し、ほめて貰《もら》いたいという欲望にある」と記しておられました。牧師になることへと備えていたころに読んだので、深く心に残っています。そして今でも時々、その言葉を思い起こします。

弟子たちがそのことを話していたのは、受難予告の後でした。イエスは弟子たちに向かって、「こんな大事なときにそんなくだらないことを話していたのか」とは言われませんでした。

仕える者に

イエスは「いちばん先になりたい者は、すべての人の後になり、すべての人に仕える者になりなさい」（35節）と言われました。

「すべての人の後になり、仕える」リーダーシップ。今、「しんがり（最後尾）のリーダーシップ」ということがいわれています。通常、リーダーシップというと先頭に立って号令をかけ、人々を動かすあり方を思い起こします。「しんがりのリーダーシップ」は最後尾にありながら、人々のいのちに関わることに配慮しながら、伴走するあり方のことです。

旧約聖書で出エジプトの際のモーセの姉、ミリアムの姿に見ることができます。フェミニスト神学は聖書の中で光が当てられてこなかった女性たちの姿にあらためて光を当てることによって、神の創造の姿の全体性を取り戻そうとしています。モーセの陰になって気づかなかったミリアムの姿は、私たちに現代のリーダーシップについて考えさせます。

ミリアムは後ろからエジプト軍が追ってくる中、葦の海の中に主が道を備えてくださり、イスラエルがそこを通って脱出することができた際に、その喜びを歌で表しました。主が威光を現された、という「信仰告白」を歌っています。彼女は、神の救出の出来事を一つの歌にまとめ、公式の場で歌い、これによって居合わせたすべての人にも、賛歌への参与、すなわち神への賛美を勧めているのです（出エジプト記15章19〜21節）。

ミリアムは、小太鼓を手に取り、歌い踊りました。他の女性たちもそれに続き、和して歌います。ミリアムはその歌の音頭を取っています。民の心の中にある叫び、願い、祈り、賛美の声を感じ取り、自分自身の声と共に輪の中にある人々の声を調和させるのです。それはそれぞれの中にある力を引き出すリーダーシップです。

その後、彼女は長い出エジプトの荒れ野の旅で、人々のつぶやきに耳を傾け、しんがりに身を置きました。最後列は弱い人が歩きます。病気を抱えている人、高齢で体が不自由な人、子どもたち。彼女はそこに身を置くことによって、求められていることを訴えていきました。

子どもを受け入れる

イエスは弟子たちに「仕える者となる」ことを具体的に、言葉と行為をもって教えます。

カファルナウムのある家の中で皆が座っています。車座のような座り方だったのでしょう。最も偉い者は誰かという弟子たちの議論に対する答えとして、イエスは子どもの手を取って真ん中に立たせました。

イエスは子どもを抱き上げて、「このような子供の一人を受け入れる者は、わたしを受け入れるのである。わたしを受け入れる者は、わたしではなくて、わたしをお遣わしになった方を受け入れるのである」（37節）と宣言されました。イエスを受け入れ、救い主と信じる。それは子どもを受け入れるようなことなのだ、と祝福の行為と言葉をもって示されました。

「子どもを受け入れる」とは、私たちの感覚ではそれほど難しいことではないと感じられます。イエスの時代には、子どもはラビ（教師）による祝福と律法教育の対象とされていましたが、一方では子どもは女性とともに、一人前の存在として扱われていませんでした。子どもは「無力、無能」な存在だと受け止められていました。イエスは子どもの手をとって、抱き上げます。子どもを受け入れるとは、役に立つか立たないかということではなくて、その子どもを大切にするということです。

ここでは、「仕える」という言葉が使われていますが、人のために何かをしてあげるということが強調されているのではありません。それよりも、弱い人、小さくされている人を大切にするということが語られています。

そのために自分自身が「すべての人の後に」ならなければならないのだ、と。

ここで、イエスはこの子どもとご自身を同一視しておられます。「わたしの名のためにこのような子供の一人を受け入れる者は、わたしを受け入れるのである」（37節）。マタイによる福音書の「この最も小さい者の一人にしたのは、わたしにしてくれたことなのである」と語られたイエスの言葉を思い起します（25章40節）。

私たちが一番偉い、力を持っているという基準は多くの場合、何かを「する」ということでの判断だと思います。それは"to do"です。生産性が高い者が評価される社会です。けれども、イエスが言われたのは、何ができるかではなくて、そこにわたしが「いる」ということ、"to be"の大切さでした。それは「存在価値」ということができます。自分が「いる」ということが大切に思われている。それがあって初めて、何を「する」かということが出てくるのです。イエスに従うとは、この社会の中での枠とは違う、軸を持っているということだ、と伝えられたのではないでしょうか。それは「神の国の価値観」と呼ぶことができるでしょう。すべての人に仕える者は、その人の能力や生産性ゆえではなく、その人が「いる」ということを共に喜び、生きる者です。

22　ああ主のひとみ

10章13～31節

神の国の先取り

以前、私は栃木県の教会で牧師と付設幼稚園の園長をしていました。「ヒカリ園」には手足が不自由な子や耳が聞こえづらい子、集団行動が苦手で園長室で遊んでいる子たちがいました。毎年、子どもたちは運動会を楽しみにしています。ある年、Cちゃんが手を組めないし、立てないからダンスをどうしようかということとなりました。「できなければ、見学する?」と考えがちですが、ヒカリ園では子どもたちも先生も一緒にやることを楽しむ精神でダンスも踊ります。踊ることは楽しいこと!みんなでそう感じられる場でした。子どもたち一人ひとりが見守られながら、「やってみよう」と思えることは生きる力です。キリスト教保育で神さまに見守られていることを聖書から聞き、賛美歌を歌い、祈り、どろんこまみれで遊びながら生きる力が育まれていきます。

一九九四年に「子どもの権利条約」を日本が批准した頃でした。その内容は子どもの命が守られる、持っている能力を伸ばし健康に成長できる環境が保証される、暴力や虐待から守られて幸せに暮らせる、子どもの意思が尊重されて自由な発言や活動ができる、こうした権利が守られることです。新米の園長は、保育者の先生たちの子どもたちを見守るまなざしから多くを学ばせていただきました。

イエス・キリストのもとへ子どもたちを連れてきた人たちがいました。「触れていただくため」（13節）とあります。イエスに祝福してもらうためであり、いやしのためだったでしょう。病気で弱っていた子どももいたのです。弟子たちは子どもたちを連れてきた人たちを叱りました。しかし、イエスはその弟子たちを怒られたのです。その言葉は「叱る」というよりもっと激しい言葉です。「憤る」という言葉です。それはマルコによる福音書だけに記されている厳しい言葉です。

そして「子供たちをわたしのところに来させなさい。妨げてはならない。神の国はこのような者たちのものである。……子供のように神の国を受け入れる人でなければ、決してそこに入ることはできない」（14～15節）と言われました。それは社会の中で小さくされ、無視されている存在を受け入れるように、神の国を受け入れるということでしょう。

イエスは子どもたちを抱き上げ、手を置いて祝福されました。子どものあり方や人格をまるごと受け入れて、神の愛を表されたのです。それはできることや成果（＝付加価値）で評価されるのではなく、神から与えられたいのちそのもの（＝存在価値）を愛し、慈しまれたということです。

人生に欠けているもの

イエスはエルサレムに向かう旅の途上で、一人の男と出会います。彼は近づいてきて、イエスに問います。「善い先生、永遠の命を受け継ぐには、何をすればよいでしょうか」（17節）と。彼にとって、それは大切な問いでした。「永遠の命」は限りのある人間が、永遠なる神との関わりの中で生かされていることを表しています。

イエスはこの問いに答えられました。「殺すな、姦淫するな、盗むな、偽証するな、奪い取るな、父母を敬え」（19節）。それはイスラエルの伝統的な、律法の十戒の教えです。イエスが問われたのは、十戒の人と人に関する戒めです。イスラエルの人々の生きる軸、基本といってもよいでしょう。

男性はイエスに答えます。「そういうことはみな、子供の時から守ってきました」（20節）。即答できる彼は、まじめに生きてきたことへの自負があったのではないでしょうか。イエスは彼に対して、別のことを語ります。「あなたに欠けているものが一つある。行って持っている物を売り払い、貧しい人々に施しなさい」（21節）。

魂の問い

作家の大江健三郎さんが「信仰を持たない者の祈り」という講演で、九歳のときの宗教的な体験について語っておられます。著書『人生の習慣《ハビット》』（岩波書店）にも収録されている内容です。終戦直後で食糧がないときに、家で取れたわずかばかりの小麦を森の中の水車小屋に挽いてもらいにいき、できあがるのを待っている間、そばにあった雑誌の「ジョバンニと牛」という題の読み物を読んだ。後でわかったのは、それはアッシジのフランチェスコのことを書いたものだということでした。

ジョバンニ少年が牛を連れて歩いていると、立派なお坊さんに会ったので、ついて行こうと思った。それがアッシジのフランチェスコだったのですが、彼が「じゃ、自分のところにいらっしゃい」と言われた。そのとき、「それには持っているものを全部捨てなさい」と言われたので、牛を捨てようとした。しかし、兄弟たちが牛がなくなると困るということで、ジョバンニ少年は困って泣いてしまった。するとフランチェスコが、「それでは牛は捨てなくてもよいから、君はついてきなさい」と言われた、という話です。

それを読んでいて、大江少年は自分にも魂の問題がある、と思ったのです。父が亡くなり、祖母も亡くなったすぐ後だったので、魂について本当のことを何か教えてくれる人がいたら自分はその人について行くだろう、と。その帰り道、森の中を歩きながら、今偉い人がいて、松の陰から現れて、「少年よ、君は魂のことをしなさい。私についてきなさい」と言われたらどうしようか、と考えながら歩いた。今抱えている小麦粉を捨てられるか、家では家族が皆、このわずかな食糧を腹を空かして待ちわびている。そう思って苦しんで、どうしようと思いながら家に帰った。その小麦粉を捨てられなかったという思い、そのときの心の傷というものが今も残っている。本当に大切なものを捨てることができるだろうかというのが、子どものときに陥ったジレンマだ。それは今も続いている、と。

魂の問題、それは永遠の命に関する問いでしょう。自分にとって、魂の問題、神の招きがあったならば、持っているものを捨てられるだろうかというのです。

神の永遠にあずかる

イエスはいつも「すべてを捨てて」と言われたわけではありませんでした。イエスに問いかけた人には何の問題もないように見えます。道徳的にも経済的にも恵まれています。そこに何かを加えることによって、完璧な人生になると彼は考えています。「得ること」「加えること」でポイントを加算していくように、付加価値を積み重ねれば「永遠の命」に到達できると考えています。しかしイエスが問われたのは、自分で積み重ねていく富ではなく、神が与えられるものに信頼して、分かち合うことでした。それは彼の人生設計の中にはなかったのです。この人は気を落として、悲しみながら立ち去りました。彼はその言葉に、苦しんだのです。それはとても大切なことだ、と。

「イエスは彼を見つめ、慈しんで言われた」（21節）と記されます。ここで「慈しむ」と訳されているのは「アガペー」という言葉で、動詞で使われているのはマルコによる福音書ではここだけです。イエスはこの男を、ついてくることができない人として切り捨てたのではありませんでした。その人を深く愛されたのです。「ああ主のひとみ」という賛美歌（日本基督教団出版局『讃美歌21』197番）は、この場面から作られています。

ああ主のひとみ、まなざしよ、　きよきみまえを　去りゆきし
富める若人　見つめつつ、　なげくはたれぞ、　主ならずや。

この賛美歌を歌うたびに胸を突かれるのは、立ち去った男の後ろ姿をじっと見つめ続けたイエスのまなざしです。イエスは彼を愛し、彼に語りかけておられました。

ついていくこと

イエスは弟子たちに向かって、「財産のある者が神の国に入るのは、なんと難しいことか」（23節）と語られました。イエスが伝えたのは、人は金があればそれに頼る、「神の国」とは、人間が持っているものに頼って到達するような理想ではないということなのでしょう。人間の功績や積み上げたも

のによるのではなく、神の慈しみによる救いの出来事だというのです。自分の持っているものにしがみつくのではなく、苦しんでいる隣人に心を開き、共に生きていくことだと。

弟子たちは、「それでは、だれが救われるのだろうか」（26節）と疑問を抱きます。イエスは「人間にできることではないが、神にはできる。神は何でもできるからだ」（27節）と答えられました。救いということさえ、努力の果てに得られるものだと考えると、遠ざかってしまいます。救いは神から来るものです。同時に、神の圧倒的な恵みにどう応えるかという問いは、いつも私たちの前にあります。それを聞いたペトロは「わたしたちは何もかも捨ててあなたに従って参りました」（28節）と胸を張ります。イエスは半ばそれを認め、半ばそれを打ち砕きます。

初代教会の迫害の時代に、人々は多くの犠牲を強いられました。主の言葉として、「わたしのためまた福音のために、家、兄弟、姉妹、母、父、子供、畑を捨てた者はだれでも、今この世で、迫害も受けるが、家、兄弟、姉妹、母、子供、畑も百倍受け、後の世では永遠の命を受ける」（29〜30節、傍点著者）と約束されました。それは、主に従う者にとって慰めであり、支えでありました。

「先にいる多くの者が後になり、後にいる多くの者が先になる」（31節）。イエスが語られた不思議な格言のような言葉の中に、神が与えられる救いの業は私たちが思い描くような功績や持っているものによるのではなく、最も小さくされているところから与えられることが約束されているのです。

23　ちいろば

11章1〜11節

エルサレム！

これから受難と十字架の死、復活に至るイエス・キリストの最後の一週間が始まろうとしています。イエスと弟子たち一行はエルサレムに近づいています。マルコによる福音書では、エルサレムに行く前にオリーブ山のふもとのベトファゲとベタニアにさしかかったことを伝えています。ベタニアは「悩む者の家」、「貧しい者の家」を意味する地名です。イエスはたびたび休息のために訪れていました。そこには支えてくれる人々がいたのでしょう。エルサレムへ行く前に備えをします。

エルサレムは紀元前一〇〇〇年頃、ダビデ王によって都に定められました。ダビデの子ソロモンはこの町に壮大な神殿を建てました。ソロモンの死後、王国は南北に分裂しますが、エルサレムは南ユダ王国の中心でした。ソロモンが建てた神殿は紀元前六世紀にバビロニア帝国によって滅ぼされ、バビロン捕囚が終わると新しい神殿が建てられました。イエスの時代まで残っていた神殿です。

イエスは今まで、生まれ育ったガリラヤ地方で神の言葉を伝え、病をいやし、神の国の福音を宣べ伝えていました。ガリラヤは周縁といわれる地でしたが、エルサレムは宗教的な、そして政治における中心地です。

イエスがエルサレムへと進み行かれた。エルサレムの人々もかねてからいろいろとうわさされていたイエスがエルサレムへ来られたことに、大きな関心を寄せていました。人々はイエスをローマから解放してくれる、待ち望んだ救い主と期待しました。イエスのエルサレム入城で思い起こされているのは、ローマ皇帝の凱旋でした。戦争の勝利を人々に誇示するためであり、自らの力と栄誉の象徴でした。

ろばに乗って

皇帝の凱旋を彩る象徴として共に入城するのは、決まって馬でした。軍馬です。エジプト、バビロニア、ペルシャ、ローマ、聖書の時代にユダヤの周辺の世界帝国は戦争の道具として馬を用いていました。そして、凱旋のときも勝利の象徴、力の象徴として、馬に乗って行進をしたのです。

一方でイスラエルでは、あまり馬を使用することはなかったようです。イスラエルの国土は多くが山岳地帯だということもあったかもしれませんが、馬は戦争を象徴していたために、聖書ではしばしば批判の対象になっています。

イエスがエルサレムの町へ入ることを記した福音書記者は、皇帝や将軍たちの凱旋の行進を知っていました。マタイによる福音書では、イエスのことを「ダビデの子」という呼び方をしています。ダビデはイスラエルの王の中でも最も愛された王でした。そして、イスラエルを解放してくれると期待される王はダビデの再来と考えられていました。

しかしマルコによる福音書は、ことさらに「王」ということを強調してはいません。マルコ自身がイエスと王を結びつけてはいないのです。つまり、エルサレムの人々にはそうした期待があったけれども、イエスご自身は決してそのようにとらえてはいなかったということでしょう。

ここで印象的な働きをするのが「子ろば」です。イエスは子ろばに乗って都に入ります。これはいわば象徴行動（デモンストレーション）でした。旧約聖書の預言者エレミヤがバビロン捕囚前に自分の首にくびきをつけて市中を歩き回り、バビロン捕囚が起こることを警告したように、預言者は行動によって預言の内容を人々に示しました。

ろばに乗って来られる救い主について、旧約聖書に記されています。

見よ、あなたの王が来る。
彼は神に従い、勝利を与えられた者
高ぶることなく、ろばに乗って来る
雌ろばの子であるろばに乗って。（ゼカリヤ書9章9節）

預言者は、神に従う「王が来る」、その王は「ろばに乗って来る」とエルサレムに告げました。ここで「高ぶることなく」と訳されている言葉は、本来、腰をかがめた姿勢を表す言葉です。進んで自分を低くする、へりくだるという意味にもなります。馬に乗るのが富や権威の象徴であるとすれば、ろばに乗るのは貧しさとへりくだりの象徴です。

そして、ろばは平和のシンボルでした。ろばは主に農耕や荷物を運ぶために用いられました。イエスは力で人を押さえつけ、武力で勝利を得る王としてではなく、貧しく、へりくだり、人々に平和をもたらす王としてエルサレムに入城するのです。

主の用なり

イエスは誰も乗ったことのない子ろばを弟子たちに用意させました。イエスは二人の弟子たちを使いに出しています。この「使いに出す」というのは、派遣するという意味の言葉です。後にこれが「使徒」という言葉になります。遣わされた弟子たちは言われたとおりのことをしました。つないであったろばをほどいて、連れて行こうとします。この「ほどく」というのは「解放する」という意味です。イエスは子ろばを用いるときに、弟子たちを派遣して、そのつながれていたところから解き放って、連れて来られました。これはちょうど、人に救いと解放の使命を与えられるときと同じです。

居合わせた人々が「その子ろばをどうするのか」と尋ねるのですが、彼らは「主がお入り用なのです。すぐここにお返しになります」（3節）と伝えて、連れて行くことを許されました。主が用いられます。主の御用をするためです。子ろばはそうやって、エルサレムに入城する一番大切な場面で用いられました。かけがえのない働きをするために主は用いられる。それは私たちにも呼びかけられている、主の招きの声です。そして、その働きが終わったならば、返します、と言われます。主は差し出されたものを、決して使い捨てにしたりはしないということでしょう。主の用なり。主は私たちを働きのパートナーとして生かし、用いてくださるのです。

かつて「ちいろば先生」と呼ばれた牧師がいました。名を榎本保郎（一九二五～一九七七）といいます。この「ちいろば」という名は、彼がこの聖書の「小さなろばの子」の存在に共感し、そのろばのような生き方をしようということから生まれます。「小さなろばの子」を「ちいろば」と短く縮め、子どもたちにその「ちいろば」の話を伝えてきました。その名の著書『ちいろば』（聖燈社）もあります。そうしていつしか、彼は「ちいろば先生」と呼ばれるようになりました。

重篤な病の中、渡米をやめるよう説得する妻の和子さんに、榎本牧師は次のように言います。「なあ、和子。ぼくも無理や思うんや。けどな、人間、走るべき道のりいうものが、定まっとるんやないやろか。ぼくの命は、大事にしたところで、あとどれほども残ってはおらん。それをぼくはよう知っとんのや。主がお入り用いう言葉を聞き流して、何カ月か命を長らえるより、キリストをこの背にお乗せして、とことこ歩いているうちに死ぬほうが、ぼくにはふさわしい。本望や。ぼくはなあ、何としても神の言葉を聞き流すことがでけへんのや」（『ちいろば先生物語』〔下〕三浦綾子著、集英社文庫）。

ホサナ！

イエスがエルサレムの町に入られたとき、人々が周辺の野原から枝を切り取って道に敷き、「ホサナ」と歓呼の声を上げました。この人々は、まず先にガリラヤから従ってきた弟子たちであり、途中からその流れに合流した人々もいたに違いありません。

人々は賛美の叫びを上げました。それは神殿に近づく巡礼者によって歌われた賛美の詩編の言葉によるものでした。

どうか主よ、わたしたちに救いを。
どうか主よ、わたしたちに栄えを。
祝福あれ、主の御名によって来る人に。
わたしたちは主の家からあなたたちを祝福する。（詩編118編25～26節）

この「わたしたちに救いを」が、ヘブライ語で「ホサナ」という言葉です。エルサレム入城に際して、弟子たちや周囲の人々の叫び声とは対照的に、イエスは沈黙のまま進んでいかれます。イエスにとって、これは受難と死への入城でした。イエスの受難の持っている深さ、そして祝福の深さがここには表されています。目に見える段階では、弟子たちもイエスのエルサレム入城の意味がわかりませんでした。けれども、イエスはその先にある受難を見ておられたでしょう。

イエスはエルサレムに着くと神殿の境内に入り、様子を見て回りました。エルサレムの神殿にあるもの、そしてないものを。それは繁栄と権力であり、失われていたのは救いでした。

主が来られる、その受難と祝福の始まりが、ここには表されています。

24　すべての国の人の祈りの家

11章12〜33節

枯れたいちじくの木

イエスと弟子たちはエルサレムへ入城した後、ベタニアへ戻ります。ベタニアからエルサレムへ向かう途上にいちじくの木がありました。イエスはいちじくの木に実がなっていないのを見て、呪いの言葉をかけたのでした。翌朝早く、一行が通りかかると、そのいちじくは枯れていました。季節ではなかったのですから、これは理不尽に感じますね。

マルコは、イスラエルをぶどうの木やいちじくの木になぞらえて語った預言者たちの言葉を連想しています。実をつけていないいちじくの木は、決定的な時が来ているのに、それにふさわしく応えないもののシンボルです。エルサレム神殿を中心とするイスラエルは、神に立ち帰ることができませんでした。エルサレムが滅んでしまうことが、枯れたいちじくの木によって示されています。マルコによる福音書では、エルサレムはイエスを十字架につけた町であり、エルサレムでの出来事をすべて、その生涯の最後にまとめています。そのことによって、ガリラヤとエルサレムという違いを際立たせているということができるでしょう。

　エルサレムにおけるイエスの姿は、ガリラヤとは全く逆のように見えます。一人ひとりに寄り添い、触れ、言葉をかけて神の愛を伝えるイエス。しかしエルサレムでは、宗教指導者への厳しい批判によって対峙する姿があらわになります。それは神の愛の両面性です。弱くされている側に立つとき、ひずみを生み出しているものに抗するあり方となるのです。

神殿から商人を追い出す

　ベタニアからエルサレムへ向かったのは、エルサレム入城の翌日、月曜日です。

　エルサレムの神殿はソロモン王によって建てられた後、バビロン捕囚のときに破壊され、捕囚から帰ってきた人々の手によって再建されました。イエス・キリストの時代の神殿は、ヘロデ大王が拡張したものです。神殿祭儀の中心は罪の赦しのために動物を犠牲としてささげることでした。地方から来る巡礼者は神殿の境内で犠牲の動物を買うのですが、その際に通常使われているギリシアやローマの貨幣ではなく、神殿用の古いヘブライ貨幣に両替する必要がありました。神殿の境内での売り買いや両替は、大祭司の許可を得てのことでした。神殿は宗教的中心であっただけでなく、経済的にも重要な役割を果たしていたのです。イエスは商業活動の場となっている神殿のありさまを激しく非難しました。売り買いしている人々を追い出し、両替人の台や鳩を売る者の腰掛けをひっくり返しました。イエスは怒っています。怒ることは悪いこと、そうでしょうか。大切なことが踏みにじられたとき、怒らなければ伝わりません。「なんでこんなことをするんだ！」と怒ることは、相手に問うことです。問うことでしか、対話は始まらないのです。両論を保持して中立な立場でいるようで、むしろ現状維持に加担している、そういうことが私たちにはないでしょうか。

神殿の本来的なあり方

イエスは言われました。「わたしの家は、すべての国の人の　祈りの家と呼ばれるべきである」（17節）。預言者イザヤが民族を超えて神を礼拝する時が来ることを預言して語った言葉です。イエスにとって、神殿とは「すべての国の人の祈りの家」でした。神殿には一番外側に「異邦人の庭」がありました。異邦人に許されている唯一の礼拝の場所です。売り買いはここで行われていました。礼拝のために来た異邦人はそこで祈ることすらできないでいました。神の祝福を受けることができないと思われていた異邦人を神が祝福し、神殿において彼らが礼拝することを、神は望んでおられる。その礼拝場所が売り買いのために奪われているのです。

「ところが、あなたたちは　それを強盗の巣にしてしまった」（17節）。預言者エレミヤの言葉（エレミヤ書7章11節）を引用しながらイエスは続けます。人々は神の御心に従わず、悪事を行いながら神殿に来て神の前に立ち、いけにえをささげて「救われた」と言っていました。神の意志に背く生活をしていても、神殿に来れば救われると思っている人々をエレミヤは批判していました。

イスラエルにおける預言者の働きは、神から離れたあり方をしている王や民に裁きを伝え、繰り返し神のもとに立ち帰るように語りかけることでした。イエスの言葉と振る舞いは、こうした預言者たちの言葉と行いを継承するものとして受け止められたのです。

イエスは神殿を否定されたのではありません。むしろ、人々の祈りの場としての神殿の本来的なあり方を示されたのです。神殿は神の愛、神の恵みが支配するところ。そして、すべての国の人々の祈りの家だと言われます。そこでは、誰も差別されることも、軽蔑されることもありません。すべての国の人が祈りをささげる。それがまさしく神への礼拝であるとイエスは伝えられました。

私が働いていた先述のフリースクールには、いじめや校内暴力によって傷ついていた人もいました。集団での学習が苦手な人もいました。一人ひとりのオリジナルなカリキュラムで学びと生活を共にしていました。私は塾長と共に毎朝、毎夕の祈りの時間や日曜日の礼拝を担当しました。そこで一人の宣教師が紹介してくれたのが、テゼ共同体の祈りでした。

フランスのテゼ共同体は第二次世界大戦下でブラザー・ロジェが戦火を逃れてやってきた難民を迎え入れ、共に食卓を囲み祈ったところから始まりました。世界各地で祈りの輪が広がり、平和の祈りを共にしています。シンプルな言葉と賛美、沈黙によって導かれる祈りの時間によって、自分を問い直し、人との関わりの中へ導かれます。祈りは解放であり、再構築であり、和解の入り口でもあります。テゼ共同体のようにこのフリースクールでも、共に生活をする場での共同体の祈りを深く体感しました。

今、エルサレムに神殿は存在しません。紀元七〇年にローマに滅ぼされてしまいました。しかし、聖書は、いまや神殿とは、キリストを信じる一人ひとりなのだと教えます。キリストを信じる人の内に、神が共に住んでくださるゆえに、一人ひとりが神殿なのです。そして、民族やさまざまな属性を越えて共に人が集まり祈り合うとき、そこにすべての国の人の祈りの家が形作られます。

何の権威によるのか

エルサレム神殿におけるイエスの行いによって、律法学者や宗教指導者たちとの対立は決定的なものとなりました。彼らはイエスをすぐに捕らえることはできませんでしたが、陥れるためにさまざまな論争を仕掛けてきます。

翌日、火曜日、神殿の境内でイエスを囲んだのは、祭司長、律法学者、長老たちで、ユダヤの最高法院（サンヘドリン）を構成していた人たちです。彼らは、神からの権威によって社会を導いていると自認していました。だからこそ、「何の権威で、このようなことをしているのか」（28節）と、イエスを問いただすのです。洗礼を受けたときに天から「これはわたしの愛する子」（9章7節）と呼びかけがあったように、その権威は神からのものです。イエスは人の支配ではなく、神の支配に従うことを呼びかけ続けてきました。

しかし律法学者や大祭司たちにとっては、彼らが築き上げてきた秩序を破壊する者でしかありません。イエスは彼らに直接答えるのではなく、洗礼者ヨハネの洗礼が天からのものか、人からのものだったのかと尋ね返します。神からのものであれば、なぜ信じなかったのかと問われるでしょうし、人からのものと答えれば群衆を敵に回すことになります。彼らは「分からない」（33節）と答えました。イエスも答えることを拒否しています。

イエスの権威

マルコによる福音書はイエスが「律法学者のようにではなく、権威ある者としてお教えになった」

（1章22節）、「権威ある新しい教えだ」（同27節）という評判が、ガリラヤ地方の隅々にまで広まったことを伝えています。それは、ご自身が語られたことではなく、出会った人々のイエスに対する告白として言い表されています。人々はイエスの力ある教えと業を神からの権威だと語り合っていました。

イエスは十字架へ向かう道行きの中で、権威をめぐる問いに答えることを拒否します。それは宗教指導者たちが仕掛けた罠にはまらないためという面があったでしょう。それ以上に、宗教指導者たちが律法によって自分を正当化し、権威づける生き方をしていることに「否」を唱えているのです。イエスは権威ある者として祭り上げられることを拒みました。「権威ある」宗教指導者たちによって、社会の隅へ追いやられている一人と共にあるためです。仕えるあり方を徹底するためです。

25　生きている者の神

12章1～40節

ぶどう畑と愛の歌

わたしは歌おう、わたしの愛する者のために
そのぶどう畑の愛の歌を。
……イスラエルの家は万軍の主のぶどう畑
主が楽しんで植えられたのはユダの人々。（イザヤ書5章1、7節）

旧約聖書ではイスラエルはぶどう畑にたとえられました。預言者イザヤはぶどう畑、すなわちイスラエルへの神の愛の歌を記します。しかしその歌はイスラエルが神を忘れ、豊かな者が富を独占して私物化することへの裁きの歌へと変わります。

イエスはここで、神殿の指導者たちに預言者の歌をもう一度思い起こさせています。たとえを語りながら。ぶどう園の主人である神は、ぶどう園（イスラエルのこと）を農夫に任せて旅に出ます。農夫は指導者たちのことでしょう。彼らはぶどう園を私物化して、収穫の際に送られてきた僕（預言者たち）を侮辱し、打ったり殺したりしたので、主人は最後に愛する息子を送りました。しかし農夫たちはぶどう園を自分たちのものにするために、その息子を殺してしまいます。たとえを語った後、イエスは問います。ぶどう園の主人はどうするだろうか。そして自ら答えます。彼は農夫たちを殺してぶどう園を他の人に与える、と。

これはイスラエルに対する裁きの言葉です。しかしその直後に「家を建てる者の捨てた石、これが隅の親石となった」（10節）と詩編118編22節を引用することで、人間の手によって殺され、捨てられてしまうイエスを、神は救いの計画の要とされることを伝えています。

神のものは神に

次にイエスのところへやってきたのはファリサイ派、ヘロデ派の人々です。彼らが尋ねたのは、皇帝に税金を納めることが律法に適っているか、ということでした。ローマ帝国によってある程度の自治は認められていたユダヤの社会において、極刑の決定と徴税権はローマに握られていました。納税問題は切実でした。もしイエスがそれを認めれば、重税にあえいでいる民衆を失望させることになるでしょう。もし否定すれば、ローマに対する政治的反逆者として訴えられるでしょう。巧妙な罠です。

イエスはデナリオン銀貨を持って来させて、誰の肖像と銘かを問います。その銀貨には皇帝の肖像と銘が刻印されています。イエスは「皇帝のものは皇帝に、神のものは神に返しなさい」（17節）と告げます。彼らはイエスの答えに驚嘆しました。

これは「皇帝のもの」は政治、「神のもの」は宗教の世界と、二者を分けるということではありません。聖書は、皇帝も神の創られた世界の一部であると伝えます。皇帝が神にとって代わろうとして、絶対的な権力となろうとするとき、世界には争いと人のいのちの軽視が起こります。これを私たちの世界は繰り返してきました。為政者の力は法と平和と自由のために用いられなければなりません。イエスは貧しく、食べるに事欠く人々と共にいました。徴税問題は律法の問題、政治の問題であるだけでなく、何より愛する者たちの切実な日々の暮らしの課題だったのです。

生きている者の神

イエスとユダヤ社会の指導者たちとの論争が続いています。ここではサドカイ派が登場します。サドカイ派は神殿の祭司を中心とする貴族階級の人々でした。彼らは旧約聖書中の創世記、出エジプト記、レビ記、民数記、申命記の「律法」の部分しか認めていませんでした。そこには、復活のことは書かれていません。それゆえに「復活はない」と言っていたのです。サドカイ派の人々はイエスに、復活の問題で論争を仕掛けてきました。

七人の兄弟が子を残さず次々と死んで復活したならば、それぞれの妻となった一人の女は誰の妻となるのかと問うのです。「ある人の兄が死に、妻を後に残して子がない場合、その弟は兄嫁と結婚して、兄の跡継ぎをもうけねばならない」(19節)。これはレビラート婚という、イスラエルの民が血筋を絶やさないために採用していた結婚の形式です。

サドカイ派の人々には、家の跡継ぎを残すために次々夫を変えなければならない女性の痛みなど目に入らないでしょう。高い地位や豊かな生活を送っている彼らは、そもそも復活によって与えられる新しいいのちよりも、現世の生活が大事です。

イエスはサドカイ派の人々に、死者の中から復活するときには、めとることも嫁ぐこともなく、天使のようになるのだと語ります。それは、復活後のことは神に委ねる領域だとの宣言です。地上での生も神のもとに召されてからのいのちも、神に守られていることに信頼し委ねていく以上のことは、人には許されていないのです。

イエスは彼らが信じている律法の出エジプト記で、神が燃える柴でモーセにご自身を現されたときの言葉を引用します。「わたしはあなたの父の神である。アブラハムの神、イサクの神、ヤコブの神である」（3章6節）。モーセとイスラエル民族の先祖たちの名前が挙げられています。アブラハム、イサク、ヤコブは今も神と共にある、すなわちよみがえらされているからだというのです。ですから、「神は死んだ者の神ではなく、生きている者の神なのだ」と。「アブラハムの神、イサクの神、ヤコブの神」は「アブラハム、イサク、ヤコブの神」ではなく、一人ひとりの神です。それは死によっても断たれることはない。永遠に「わたしの神」でいてくださるのです。

最も大いなるものは

ここまでの議論を聞いていた律法学者がイエスに尋ねます。「あらゆる掟のうちで、どれが第一でしょうか」（28節）。イエスは答えられました。「心を尽くし、精神を尽くし、思いを尽くし、力を尽くして、あなたの神である主を愛しなさい」（30節）、そして「隣人を自分のように愛しなさい」（31節）と。

それは一言で聖書の真理を語るということです。イエスは言われます。最も重要なのは、神と人とを大切にすることだと。今までの指導者たちの言葉からは、痛みを覚えている隣人の姿が見えません。「神を愛する」とは、まず神の業に目を向け、そこにある神の愛に気づくことであるともいえるのではないでしょうか。人から大切にされている中で、自分も大切な存在であると気づくのです。神のもとで人と人とのつながりは、無限に広がります。そして、そこには無限の力があります。人をいやし、支え、力づけ、そして導く力が。そのような神の業に目を向けること、それこそが「神を愛する」ことなのでしょう。

「神を愛する」とは、神が創られたこの世界を、神がよしとされた姿に回復すること、人や生き物が生き生きと輝いて生きている世界を共に創っていくことだと思います。神が、私を、隣人を、この世界を愛しておられる、そのことに気づいて私も自分を大切にするように、隣人を大切にして生きていこう。そのときに、私たちは神が創られた世界を共に生きる者となります。

二〇二二年二月にロシアがウクライナに侵攻しました。「NO WAR——戦争を止めろ」の祈りをもって出版された絵本『すべては神様が創られた』（木星舎）があります。日本バプテスト連盟東八幡キリスト教会牧師であり、NPO法人「抱樸」でホームレス支援をしている奥田知志さんの文、黒田征太郎さんの絵です。

すべては　神様が創られた　神様が創られた。

すべては　神様によって生まれたのだ。
すべてのいのちに　すべてのものに　神様の思いがこめられている。
（中略）
人は何のために創られたのか。
人は、愛し合うために創られた。
助け合うために創られた。ただ、そのために創られた。
だから神様は　人を極めて弱く創ってくださった。
ひとりでは　生きていけないように創られた。
人は他者を求める。
ともに生きるために出会う。
それが人には必要なのだ。それが人なのだ。
（中略）
あきらめてはいけない。
顔を上げて歩みだそう。
ほら、青空が見える。

26　目覚めよ！

13章1～37節

遺言説教

イエスと弟子たちの福音を告げる歩みは、大きな驚きをもたらしながら続けられてきました。その道行きはイエスの受難と十字架へと進んでいきます。エルサレムの指導者、律法学者たちへの厳しい批判の言葉は、イエスに対する憎悪をいやがうえにもかきたてることとなりました。特に、エルサレムの神殿に対するイエスの発言は、当時の社会の基盤を揺るがしかねないと受け取られたでしょう。他方で、それは神がイエスに与えられた使命でもありました。神が行われる業は、私たちがすぐに受け止めることができるようなものではない。だからこそ、「目を覚ましていなさい」（33節）と語られるのです。

イエスはオリーブ山で弟子たちに語りかけます。それはいわば、遺言説教というべき言葉です。イエスと弟子たちは神殿の境内を出ていこうとしています。イエスが神殿で見いだしたのは、一人の貧しいやもめが自分の持てるものすべてをささげている姿です。その心からのささげものをイエスは賞賛されると同時に、そのようなどこにも持っていきようのないギリギリの祈りさえも指導者たちが「やもめの家を食い物に」（12章40節）していると批判されたのでした。それは当時の宗教的な体制が民の救いのためにあるのではなく、神殿体制を維持することに使われていることへの強烈な一撃でもありました。

一方でガリラヤから出てきた弟子たちは、エルサレム神殿の壮麗さに圧倒されています。「なんとすばらしい石、なんとすばらしい建物でしょう」（1節）。これは、私たちにも思い当たる姿です。すばらしい建築物の美しさは人の手の業を通して、神の栄光を表していると受け止められます。

しかし、イエスは弟子たちに「これらの大きな建物を見ているのか」と問われます。「一つの石もここで崩されずに他の石の上に残ることはない」（2節）。それはこの神殿が崩壊する日がやがて来る、という意味です。あなたがたが目を奪われているすばらしいものは、過ぎゆくものであり、本当に見なければならないものは別にあるのだ。何を見るのか、それは何を信頼するのかということだといわれています。

イエスはオリーブ山で神殿の方を向いて、来るべき終わりの日に関する教えを語り始めます。終末の時と徴《しるし》を尋ねるペトロ、ヤコブ、ヨハネ、アンデレに「人に惑わされないように気をつけなさい」

（5節）と言われます。「気をつけなさい」という勧めはこの章で四度繰り返されます。偽キリストの出現、戦争と天災、弟子たちの迫害、それらは終末時の苦難とされ、熱狂的な信仰や恐怖をあおる者が現れる、と。そうした兆候が起こっても、「これらは産みの苦しみの始まりである」（8節）と語られます。私たちは終末というと、恐ろしいこの世の終わりを想像します。けれども聖書では、終末は地に神の支配が成るときです。苦難は神の支配が地にもたらされるための産みの苦しみなのです。

そしてイエスは「まず、福音があらゆる民に宣べ伝えられねばならない」（10節）と語られました。ここに、「福音」という言葉が記されます。マルコは一人でも多くの人に、終わりの日が来る前に福音を手渡さなければならないという切迫感を持っています。それがこの書を書いている使命でもあります。地方法院に引き渡され、総督や王の前に立たされて証しをする。そのような危機の状態でも、それは福音を告げ知らせることになると。ある先輩の牧師が語られた「伝道とは福音を手渡す苦闘である」との言葉が深く心に刻まれています。

迫害の真っただ中にあっても、神はあなたがたを見捨てない。そのとき、「話すのはあなたがたではなく、聖霊なのだ」（11節）。人と人が対立し、家族同士が殺し合い、あなたがたは憎まれる。確かに、紀元七〇年に起こったユダヤ戦争では、同国人であるユダヤ人とキリスト教徒となった者との間に戦争への立場の違いから分裂が起こりました。

しかし、「最後まで耐え忍ぶ者は救われる」（13節）とイエスは伝えられました。神殿は完全に破壊され、かつてない苦難がこの世界を覆う。しかし「主は御自分のものとして選んだ人たちのために、その期間を縮めてくださったのである」（20節）と。そこで語られているのは、一貫した神への信頼です。世に残していく弟子たちに対して、あらゆる苦しみや混乱の中で耐え忍んでいくことを求められたのです。

この言葉が語られた背景には初代教会の迫害の体験があったでしょう。目に見えるのは、悪に満ちた世界、希望が全く見えないような現実です。イエスは、それがすべてではない、最終的に神は必ず救いを実現してくださると約束を与えられました。

希望を持つこと

第二次世界大戦中、ナチスによって強制収容所に送られた精神科医のヴィクトール・フランクルは強制収容所での体験を『夜と霧』（霜山徳爾訳、みすず書房）に著しました。強制収容所の中で、クリスマスには家に帰れるだろうと安易な期待を持った人たちがいました。それが希望的観測からであったとはいえ、偽りだということがわかった後、自殺者が続出しました。最後まで、自分が帰るところ、家で待っているであろう家族の姿や仕事を思い浮かべられた、そういう人が何とか持ちこたえた、というのです。

このことは、私たちにとっての「希望」が持つ面を表しています。極限の状況の中でも、人は希望を持つことで何とか生き延びようとします。同時に安易な希望のような言葉はその場しのぎのものとなったとしても、それを支えに何とかしのいできた人にとっては、逆に命とりになってしまうということです。

旧約聖書では、人々に誤った将来を語り、期待を持たせて何の根拠もなく「大丈夫だ」と語る預言者のことを「偽預言者」といっています。イエスも、偽預言者に注意しなさいと語られました。私たちはそのような言葉をたとえ嘘だとわかっていても求めてしまうことがありますし、それを聞いて安心したい、このひと時でもいいから今の不安な状況から抜け出したい、困難を忘れて楽しみたい、と考えてしまいます。そのようなときに、「偽預言者」の「希望」とみえる言葉は何と甘く響くことでしょうか。

しかし、そうした言葉が果たされないことがわかるや否や、その言葉を頼りにしていた人の気持ちは、いのちを損なうほどのものとなってしまいます。

人生のどん底で助けも期待できず、望みもかなわないと思ったとき、私たちは考えることをやめてしまいます。声を上げることをやめてしまいます。痛まないようにしようと、耳を傾けることから逃げてしまいます。けれども神は、自分しか見ていない顔を上げてごらんなさい、自分の声しか聞こえなくなっている耳を神に向けて聞いてごらんなさい、と呼びかけられます。

「時のしるし」に気づくために

イエスは「目を覚ましていなさい」(33節)と呼びかけられました。無感覚になって自分を麻痺させようとする私たちに対して、神が始めてくださることに耳を傾け、目覚めていなさいと呼びかけられているのだと思います。

いちじくの木の枝が柔らかくなり、葉が伸びると収穫の時が近づいたことがわかるように、さまざまな災いや迫害が起こったら、人の子が近づいている「しるし」なのだ。「時のしるし」を見誤らないように。そして、信頼すべきものは何か言われます。「天地は滅びるが、わたしの言葉は決して滅びない」(31節)。この言葉は旧約聖書のイザヤ書の言葉を思い起こさせます。

草は枯れ、花はしぼむが
わたしたちの神の言葉はとこしえに立つ。(40章8節)

紀元前六世紀にバビロンで捕囚となっていたイスラエルの民に語られた言葉でした。苦難の中でこそ、滅びることのない神の言葉により頼むことを求めているのです。

「目を覚ましている」ことは、いつ起こるかわからないことにおびえて暮らすことではありません。そうではなくて、「終わりがある」ということを見据えたうえで、今求められること、今見るべきものを見るということです。

この説教の冒頭で弟子たちが目にしたように、もし神殿のすばらしさに目を注ぎ、頼りにしているならば、それらが崩れ去るときに、自分たちのすべては無に帰すと考えるでしょう。目に見えるものに心を奪われることは私たちの常かもしれません。

しかし、「目を覚ましている」というのは、それらを超えて確かなもの、神が私たちに与えられるものに目を留めていくことに他なりません。そして、「目を覚ましている」ことは、今の生き方を問い直すことでもあります。今、何が本当に価値あるものなのか、何を大切にして生きるべきなのか。そのことを見直していくことが「終末的な生き方」なのでしょう。

27　彼女を記念して

14章1〜9節

香りと記憶

香りというのは、ことの外《ほか》、記憶と結びつくようです。フランスの小説家マルセル・プルーストの小説『失われた時を求めて』の中で、主人公が紅茶にマドレーヌを浸したときに、その香りによって幼少期の記憶がよみがえるシーンがあります。香りが記憶と結びつくというときに、聖書の中で思い浮かぶのはイエスと一人の女性の出会いです。

イエスの受難の道行きが始まっています。救い主を求める民衆の声と同時進行で祭司長たち、律法学者たちがイエスを殺害しようと計略をめぐらしています。緊張感が日に日に高まっていきます。

イエスはエルサレムの指導者たちとのやり取りの後、ベタニアに戻って重い皮膚病の人シモンの家で食卓を共にしています。社会の中で周縁へと追いやられていた人の家で、そこには心安らぐ、いのちを分かち合う食卓がありました。

そこへ一人の女性がやってきました。彼女は「純粋で非常に高価なナルドの香油の入った石膏の壺」（3節）を持ってきて、それを壊して香油をイエスの頭に注ぎかけました。インド産のナルドという植物から抽出した油は、普段使うオリーブ油とは異なる、高価なものでした。その香油は髪に香りをつけたり（雅歌1章12節）、死者を葬るために用いられました。愛と死を思い起こさせる香りです。イスラエルでは、預言者らが王を任命する儀式で、頭に油注ぎをしました。「油注がれた者」はヘブライ語で「メシア」、ギリシャ語で「キリスト」です。受難へとイエスが進みゆくことに対して、この女性はそれが「救い主」としての歩みであることを示しました。彼女の沈黙の内の激しい振る舞いには、計算も打算もない。自分のすべて、思いのすべて、感謝のすべて、できるだけのすべてが込められています。

合理性を超えて

しかし、そこにいた何人かが憤慨して言いました。「なぜ、こんなに香油を無駄遣いしたのか。この香油は三百デナリオン以上に売って、貧しい人々に施すことができたのに」（4〜5節）と。三〇〇デナリオンは当時の労働者のほぼ一年分の賃金です。だから、彼女を厳しくとがめたのです。もっと有効に使う方法があるではないか、もったいないと。もっともな理屈です。

これは私たちの世界の姿です。一方で、私たちの世界は自分の行いや活動、場合によっては存在も金銭に換算します。どれくらいのものなのかという物差しをもって判断します。数に換算して、値踏みをする。自分の行動も自分の存在そのものも。そういう世界で生きている私たちです。だから、彼女の行動を合理的ではない、常識的ではない、理にかなった使い方が他にある、と考えるのです。自分も値踏みされながら生きているということをいやいやながらも認め、人に対してもそういう見方をしているからです。その世界観に、彼女の行いはあてはまりません。

他方で、掛け値なしの思いや愛を注ぐ世界があります。そんなものは絵にかいた餅だといって、その姿を私たちの中から取り除こうとする。信じられないと思っているからです。しかし、イエスはそうは言われませんでした。

「するままにさせておきなさい」（6節）。これは何か突き放したような冷たい言い方ではなくて、彼女のあり方、方法、表し方、それは彼女が選んだ、だからそれを尊重しなさい、ということでしょう。誰かに強いられたり、期待されてそう行ったというのではない。自分なりに、それがどういう結果になるかはわからないけれど、今できる精いっぱいを傾けていくというあり方をイエスは認められたのです。「わたしに良いことをしてくれたのだ」（同）と。

「良い」という言葉は「美しい」とも訳されます。神の言われた言葉が思い起こされます。「神はお造りになったすべてのものを御覧になった。見よ、それは極めて良かった」（創世記1章31節）。それは美しい。この女性がしてくれたことは美しい。

葬りの備え

イエスと香油を注いだ女性には相互的な関係があります。イエスは、女性が「前もってわたしの体に香油を注ぎ、埋葬の準備をしてくれた」（8節）と語りました。死へ向かっている苦しみを受ける歩みの中で、この女性が寄り添ってくれた、と。油を注ぐ行為には、いやしの意味があります。弟子たちは「油を塗って多くの病人をいやした」（6章13節）のです。女性がイエスの頭に手を置いて油を注いだとき、彼女の慰めの思いも注がれたことでしょう。

カトリックでは病にあるときや死を前にした際に塗油が行われます。死への道行きを支えられ、信頼と祈りをもって神のもとへ召されるように行われる秘跡（宗教的な儀式）です。

イエスはこの女性に香油を注がれることによって、苦しみと死を前にして自らも「ケアされる存在」であることを自認しています。それから、イエスは一人ひとりへ神の愛を伝えるために、十字架への道を歩みます。

私たちの人生において、無駄とは何でしょうか。周囲にいた人々は彼女の行為を「無駄」だと考えました。けれどもイエスはその行為の中に「いのちを支える」業、感謝と応答の意味を汲んでいます。ここには生と死をめぐる「今、ここ」という出会いがあります。

記念して語り継ぐ

イエスは香油を注いだ女性のことを「世界中どこでも、福音が宣べ伝えられる所では、この人のしたことも記念として語り伝えられるだろう」（9節）と宣言されました。

しかし、フェミニスト神学者の山口里子さんは、「キリスト教の歴史の中で、預言者としての洞力と尊厳を持ったこの女性の名前は失われ、記念として語られることもなくされてきた」と指摘しています（『いのちの糧の分かち合い――いま、教会の原点から学ぶ』新教出版社）。

イエスのこの言葉は、歴史をつくるのは一人ひとりが神の愛に応えようとして決断し、行動することであり、それが記憶されるのだと伝えています。「記憶する」、英語では“remember”ですが、この言葉はまた“re”と“member”に言い換えることもできます。それは、沈黙させられ、闇に葬られる存在を「もう一度（re）私たちの一部として取り戻す（member）」ことでしょう。その過程で、権力からは「タブー」とされたものが「良いもの」として回復され、私たちの一部として取り戻されるのです。

私が高校生のとき、ある母子が牧師館を訪ねてきました。牧師であった父が応接間で話を聞いていたところ、しばらくして母がインスタントラーメンを作って持っていきました。そしてそのお母さんと小学校に上がるころの息子さんはそれを食べて、ほどなくして帰っていきました。翌日、その母子は日本海に身を投じ、帰らぬ人となりました。後に父から聞いたところでは、虐待を受けていた女性がもうどうしようもなくて、子どもを抱えて教会を訪ねてきたのだと。四〇年前のことですから、今のように家庭内暴力なども知られていませんでしたし、家庭の外で相談するところも近隣にはありませんでした。父は、夫から逃れてきたその母子を家庭の外で生活できるように手配しようとしていたようですが、間に入った方から家庭に戻るべきだと諭されて母親は生きていくことに絶望したのではないかと。

父はそのころから困難を抱えている女性のための母子寮を建設したり、英語を教えていた教え子が市役所に勤めるようになると、困難の中にある女性たちが生活保護を受けられるようにかけあったりしていました。私は、生きる最後の場で出会うというあり方、支え方があると感じました。牧師へと導かれた経験でした。

後年、私は牧師となって、日本キリスト教婦人矯風会の働きと出会いました。一八八六年に東京婦人矯風会が設立され、キリスト者の女性たちを含む多くの女性たちが参画してきました。女性の人権、平和のために働いています。その中には職場や家庭などで暴力を受けた、国籍を越えたさまざまな被害女性のためのシェルター「女性の家HELP（ヘルプ）」があります。

わたしたちはキリストによって神に献げられる良い香りです。
（コリントの信徒への手紙二2章15節）

波間に子どもと一緒に消えていった女性も、一人ひとりのいのちを支えようとして苦闘している人、そしてあなたも、その人生は記念して語り伝えられる、価値のあるものなのです。イエスは一人ひとりへの愛を担い、十字架への道を進んでいきます。

28　赦しの食卓

14章10〜26節

引き渡す者

イスカリオテのユダはイエスの信頼に背いて「裏切った者」として、記憶されてきました。マルコによる福音書ではイエスが十二弟子を選んだ際に、ユダのことを「イスカリオテのユダ。このユダがイエスを裏切ったのである」（3章19節）と記されています。

ここで「裏切る」と訳されているのは、「引き渡す」という言葉です。バプテスマのヨハネが「捕らえられた後」（1章14節）というところから始まって、マルコによる福音書では、この言葉はたびたび用いられます。イエスの受難予告の中には「人々の手に引き渡され」（9章31節）と記されていました。イエスの死はユダの裏切りが原因であったかのように考えられやすいのですが、すでにイエスの死は確定的になっており、ユダはそのきっかけにすぎません。引き渡す力は、ユダだけではなく、弟子たち、ひいてはイエスに従っていく者に常に働いているのです。

過越の食事

イエスと弟子たちは過越《すぎこし》の食事を準備しようとしています。過越祭は、神がイスラエルの民をエジプトでの奴隷状態から救い出したことを記念し感謝する祭りのことです。毎年春に一週間かけて祝われる、ユダヤ人にとって最も大切な祭りです。イスラエルはかつてエジプトで奴隷となり、大きな苦しみの中にありました。神はその叫びを聞いてエジプトから脱出させる際、すべてのエジプト人の家や動物の初子を撃つと言われます。しかし、イスラエルの人々に対しては、小羊を屠り、その血を家の入口の二本の柱と鴨居に塗っておくように命じました。その小羊の血を塗ってある家はその血に免じて、災いが「過ぎ越した」のです（出エジプト記12章）。それはイスラエルにとっては、奴隷状態からの解放でした。

イスラエルの民はそれから毎年、この出来事を神の恵みの原点として伝え、過越の祭りの食事を通して、思い起こしました。イエスの受難が過越の祭りのただ中で起こるのは偶然ではありません。エジプトの奴隷状態から救い出された神の救いの業が、イエスによって行われようとしています。それは「新しい出エジプト」です。神と人との新しい関係が始まっていくことのしるしです。

イエスが過越の食卓を心して備えておられる姿が浮かびます。「水がめを運んでいる男が入っていく家の主人が、席の用意のできた二階の広間を見せてくれる。そこに私たちのために準備をしておきなさい」と語りました。弟子たちが出かけていくと、そのとおりでした。食卓はいつもそれを整える人の手の業に支えられています。

この記念の食卓でイエスが言われたのは、弟子たちには予想外の言葉でした。「あなたがたのうちの一人で、わたしと一緒に食事をしている者が、わたしを裏切ろうとしている」（18節）。弟子たちはそれを聞いて「まさかわたしでのことでは」（19節）と代わる代わる言うのですが、それは非常に心を痛めてのことでした。イエスは続けてその裏切る者とは「わたしと一緒に鉢に食べ物を浸している者」（20節）である、と言われます。当時、食事を共にすることは、その人と連帯責任的な関係に入ることを意味しました。イエスは、引き渡す者との交わりを断ちはしないと言っているのです。

これからイエスは捕らえられて十字架にかけられる、その道のりが始まっていきます。しかもそれは、愛する弟子が祭司長たちに引き渡すところから始まります。

イエスは、自分は神の御心にしたがって十字架にかかるが、「人の子を裏切るその者は不幸だ。生まれなかった方が、その者のためによかった」（21節）とさえ語ります。この言葉はまるで生を否定されるかのように誤解されやすいのですが、旧約聖書の中に繰り返し、苦難を受けた人々の告白として語られてきた言葉でした。

「なぜ、わたしは母の胎にいるうちに　死んでしまわなかったのか。せめて、生まれてすぐに息絶えなかったのか」(ヨブ記3章11節)。「呪われよ、わたしの生まれた日は。母がわたしを産んだ日は祝福されてはならない」(エレミヤ書20章14節)。これらの、生まれた日を呪うような言葉は、自分の人生の苦悩を語っています。

引き渡す者が負わなければならない苦しみ。引き渡してしまう弱さ、敵意、憎しみから自由な者はいません。弟子たちも例外ではありませんでした。ペトロもそのほかの弟子たちも本気でした。心からイエスに従っていました。苦しみを受けることが予告されたときにも、どんなことがあってもあなたから離れることはありません、たとえ火の中、水の中でも、と思ったことでしょう。

主から離れてしまうこと、恐れや弱さに取り込まれてしまう姿。イエス・キリストはそのことをご存じでした。この食卓は、ここから裏切っていく者が出るのだという、厳しい現実を目の当たりにしている食卓でもあったのです。それでもなお、私たちがこの食卓を神の愛を伝える食卓として思い起こすのは、その一人もまた、この食卓にあずかっていた。決して拒まれることなく、まるであらかじめ赦しの中に招かれ、それでもなお、あなたは神の愛からもれることはないのだと伝えられているかのように、共にあずかっていたからです。

私たちは「食べる」ことの記憶が、生きてきた証しであることを知っています。しかしまた、「食べていかなければならない」ということの切実さ、そのためには人をないがしろにしたり、あるときには裏切ったりする弱さを持っていることを知っています。しかし、イエスの救い、新しい出エジプトはそうした私たちの罪を負い、自由へと召してくださるのです。

主の晩餐

主の食卓において、パンが裂かれます。これは、私たちの引き裂かれた現実であり、そしてその中で裂かれたイエスの体です。私たちはそのパンを食するときに、主が私たちの裂かれた現実の中にあって、今もなお、それに抗し、私たちを連帯する者へと召してくださることを覚えます。イエスはパンを取り、賛美の祈りをささげて、それを裂き、弟子たちに与えつつ、「取りなさい。これはわたしの体である」（22節）と言われました。この「わたしの体」とは、イエス・キリストご自身のことです。私自身をあなたがたに与えると言われたのです。

同様に、杯も感謝の祈りをささげてから、人々の罪が赦されるように「これは、多くの人のために流されるわたしの血、契約の血である」（24節）と言って渡し、弟子たちはその杯から飲みました。

ここに集っていたのは、皆、イエスを見限ることになる人間でした。弱く、愚かで、主を引き渡す人間、そういう罪人の集まりの食卓の主として、イエスはここに座っておられる。真ん中におられる。そして、そんな人間たちであったにもかかわらず、イエスは、誰一人例外なく、その場にいた全員に等しくパンとぶどう酒を分かち合われました。ただただ、主の憐れみと恵みによって、私にもパンを与え、杯を与えられる。

この食卓がやり直すチャンスを与えました。こんな失敗だらけの私にもイエスは共にいてくださる。食べていくために、愛する者を引き渡していくみじめな者を見捨てないと約束して、神と結ばれて生きる人間となることを示してくださったのです。あなたのために祈っている。その祈りによって、弟子たちはこの晩餐を記念し続けました。

取って食べなさい

遠藤周作の短編に「最後の晩餐」という作品があります（『ピアノ協奏曲二十一番』文藝春秋）。この本の語り手である精神科医の「私」があるとき二人の人物と出会います。一人は重い肝硬変を患いながらも浴びるように酒を飲み続ける塚田。もう一人は病院に週一回ボランティアに来ている、アルゼンチンの貿易商社駐在員エチエニケ。やがて「私」は、酒を飲まずにいられない塚田の苦しみの理由を知ります。戦争時ビルマで食べる物がなく、死んだ戦友の肉を食べたのです。「誰もあなたを非難しない」という「私」の慰めも届かず、塚田は苦しみ続け、ある日危篤状態に陥ってしまいます。その枕辺へ塚田が呼んだのはエチエニケでした。

塚田は苦しい息の下で、「あんたの言う神は、生きるために死んだ友人の肉を食べたような、餓鬼道に落ちた者もゆるしてくれるか」と問いかけます。それを聞いたエチエニケは、自分も友人の肉を食べたと告白するのです。ブラジルからの帰りに乗った飛行機がアンデス山脈に墜落し、一二日間雪の中にとじ込められた。食べ物もない。毎日怪我人が死んでいく。これから日本に宣教に行くはずだった飲んだくれの神父が、「救いが来るまで生き残らなくてはいけない。その為に、わたしが死んだら私の肉を食べろ。そして救いを待て」。そう、言い残して死んでいきました。エチエニケは塚田に言います。「わたしも食べました。しかし、わたしは、その時、あの人の愛も食べました」と。エチエニケは、塚田の「神はゆるしてくれるか」という問いに力強くうなずいたのです。

「食べて生きていかなければならない」人が、だからこそ犯さざるを得ない罪の現実を前に、「生きよ」と、その苦しみを身に受けて死なれたキリストの赦しが語られています。

イエスの晩餐は赦しの食卓でした。それは神の愛の食卓でした。

29　最後の祈り

14章27〜42節

離反の予告

「あなたがたは皆、わたしにつまずく」（27節）。イエスは弟子たちに言われました。ペトロは「たとえ、みんながつまずいても、わたしはつまずきません」（29節）と断言します。ペトロにとっては本心からの言葉でした。「つまずき」とは、もともと通行の障害となる石のことでした。伝道者パウロは十字架につけられたキリストのことを「ユダヤ人にはつまずかせるもの、異邦人には愚かなもの」（コリントの信徒への手紙一 1章23節）と語ります。この「つまずき」を意味する「スカンダロン」というギリシャ語に英語の「スキャンダル」という言葉が由来します。

人々にとって、イエスを通して表される福音は「つまずき」です。それは人間の常識とはかけ離れているからです。弱く、貧しい者の中にある救い主の姿に出会うとき、私たちの価値観は砕かれてしまいます。そこで、神との出会いが起こるのです。まだ人との比較の中で語っているペトロは、自分の善を信じています。

ペトロに対して、イエスは「はっきり言っておく」(30節)と宣言します。原語では、「アーメン」という言葉で始まります。「鶏が二度泣く前に、三度わたしのことを知らないと言うだろう」(同)と。三度というのは、「完全に」という意味です。たまたま言い間違えたというようなことではなく、完全に否定すると言われます。しかし、それで終わっているのではありません。

イエスは「わたしは復活した後、あなたがたより先にガリラヤへ行く」(28節)と約束されます。ガリラヤはイエスが弟子たちに使命を与え、神の国の福音を伝えた場所です。イエスは先にガリラヤへ行っておられる。そこからもう一度新たな使命が始まります。ペトロはイエスのことを裏切らずに従ったら、救いはあったのでしょうか。私たちがもし自分の正しさにとどまるならば、いずれそれは破れてしまいます。救いは神の一方的な愛と憐れみによって、もたらされるからです。

魂の痛み

人間には身体的、精神的、社会的、霊的(スピリチュアル)という四つの領域があり、これらは相互に影響し合っていると考えられています。死を前にしたときに、人は身体的痛みや精神的な落ち込みや苦しみ、人間関係などからくる社会的な痛みも抱えます。そして、霊的(スピリチュアル)な痛みもあります。それは「魂の痛み」ともいうべきものです。「私の人生はこれでよかったのだろうか」という問いや罪責感、なぜ自分が苦しまなければならないのかという意味を模索することも含まれます。そして、死を意識する人を襲うのは強烈な孤独です。

こうした死への歩みの中で重視されるようになったのが、魂のケア（スピリチュアルケア）です。死に向かう人の声に耳を傾け、共にいることで寄り添う関わりが求められています。人との関わりという水平方向の中で生かされると同時に、人間を超える存在による支えを祈るということが起こってきます。自分の限界を知るとき、いのちを生かされる方に委ねていくということが求められるのです。死を前にして、イエスは弟子たちと共におられます。しかしここからの出来事は、人間の弱さと限界を表しています。イエスは祈りへと向かい、神との対話の中で痛みを注ぎだされました。

ゲツセマネの祈り

イエスは共に祈る方でした。ゲツセマネはそういう場所でした。私たちも一人で祈る場があり、共に祈る場もあります。ゲツセマネの祈りの後には、ユダが接吻を合図にして、祭司長たちが遣わした人々にイエスを引き渡していきます。ペトロの断言の裏にあるもろさと、信頼してきた弟子の裏切りという身の切られるようなことが起ころうとしています。

祈らずにはいられませんでした。いえ、祈ることの他に何もなし得なかった。それでもイエスは、そこに一人で行こうとはしませんでした。弟子たちと共に祈ろうとしたのです。そのイエスの姿を思い起こして、教会は共に祈ることを大切にしてきました。

イエスはひどく恐れてもだえ始めました。「わたしは死ぬばかりに悲しい」（34節）という言葉は、イエスが死と苦しみを前にして、人間的な恐れを持っておられたことをストレートに伝えています。イエスにとって、苦しみの極みの中での祈りでした。「ここを離れず、目を覚ましていなさい」（同）と弟子たちに求めました。

イエスは祈りました。「アッバ、父よ、あなたは何でもおできになります。この杯をわたしから取りのけてください」（36節）。聖書はこの苦悩を「この杯」と表現しています。一つは、無残な死を味わうという苦悩の杯です。人間が経験するすべての苦しみを味わうことを意味します。企み、陰謀、悪意、さげすみ、ののしり、拒絶、欺き、高ぶり、偽善、よこしま、裏切り、暴力……。これらすべてがイエスの受けるべき「杯」でした。この中の一つでさえも耐えがたいものではないでしょうか。イエスはそのすべてを受けようとしているのです。

「この杯」が意味するもう一つの意味は、イエスが人間の犯した罪の身代わりとして、裁きを受けるという「神の怒りの杯」です。罪に対する神の怒りを、裁きを私たちに代わって受けるという杯です。それは不条理な苦しみです。「杯」はいつもなら陽気な交わりをつくるものです。けれども今ここでは、孤独と死を象徴しています。飲みたくない。これだけは避けたい。私にこれを与えないでください。そういう祈りです。なぜなのか原因がわからず、解決が見いだせない。イエスの祈りは、不条理な苦難の中に生きることを余儀なくされている者の先取りとなっています。

マルコによる福音書ではゲツセマネでイエスが「アッバ、父よ」と呼びかけたことを伝えています。この苦悩が神の御心によるものであることを知っているのです。「わたしが願うことではなく、御心に適うことが行われますように」（36節）。「わたしの願い」は、苦悩に対する答えを求めるのです。しかし、「御心に適うこと」は、たとえ答えがなくとも、最後のところで委ねる方を信じることです。

歴史の苦悩の中で、キリストに連なる者たちは答えなどない、そういう「神の沈黙」という厳しい現実、苦悩の中を歩んできました。イエスはゲツセマネの祈りにおいて、解決のない苦悩にご自身が身を置いておられます。私たちはそのように祈ることができないかもしれません。ゲツセマネの祈りは、イエスが私と共に祈ってくださることを伝えています。

共に祈ろうと、支えてほしいと願った親しい弟子たちはそばで眠りこけていました。そんな危機感を彼らは持ちえなかったのです。

運命と摂理

ある日、友人の牧師のお子さんの脳に腫瘍が見つかったと知らされました。にわかには信じられませんでした。聡明で快活な少年。彼にも、家族にも、ゲッセマネの祈りがあったと思います。この杯を取り除いてくださいという、ゲッセマネの夜がそこにはあったでしょう。ゲッセマネの祈りは年齢には関係ないのです。一〇代であろうと、年配であろうと、自分の計画とは全く無関係にやってくる。術後の病院へ行くと、そこにはにこにこ笑っている彼がいました。所属していた教会の方が持ってきてくださったというカードを見せてくれました。

私たちの人生の歩みの中で、ゲッセマネに行くことがあるかもしれません。その場その場でイエスと共にある祈りをささげます。それは、私たちの人生が神の御手の内にあるということの中に、安らぎがあるからです。

イエスの祈りは運命に対する服従ではありません。あきらめではありません。自分の祈りを聞いておられる神が、自分のすべてを知る方であるという信頼における対話です。運命は定められたものに、従っていくものです。しかし摂理は神の恵みを信じて委ねていくことです。そのような神の業への信頼へ導く祈りについて語られます。

「初代キリスト者たちの祈りの姿勢は――ローマのカタコンベの多くの像に見られるように――高

く伸ばした腕、上に突き上げた顔、広く見開いた目、立って、まさに歩き出そう、飛び跳ねようとしているものです。静かな内省ではなく張りつめた待望を、これらの姿勢は物語っています。私たちは神の到来を生きているのです。私たちは来るべきお方の待望に目を覚まして立ち、注意を集中して、来るべき神にお会いするために、出かけて行くのです。祈りそして目を覚ましていること。それは、朝には薄明の中で祈り、また眠りと目覚めの間に祈って、神の現実と神の世界のために備えをする、祈りと瞑想の達人たちの、いにしえの知恵です。このような祈りと目を覚ましていることは、私たちの生における未来の朝焼けを明らかにし、『立って、行きなさい』、目を覚まして見なさい、神が新しい日に何をなさるかを、というイエスの呼び声へと導き入れます」（『終りの中に、始まりが――希望の終末論』J・モルトマン著、蓮見幸恵訳、新教出版社）。

「立て、行こう」（42節）。そこにはイエスの強い決意が表れています。祈りの後に与えられた変化でした。弟子たちは一番肝心なときに目を覚ましていることができませんでした。その弟子たちの無理解とその弱さをも引き受けて、イエスは十字架へと進まれます。

30 ペトロの涙

14章43節〜15章15節

捕らえられる

ユダは接吻という合図でイエスを人々に引き渡します。ここから、イエスの姿は沈黙と無活動へと変わっていきます。もし福音書をイエスの伝記のように読むとするなら、イエスの言葉と活動によって救いが与えられるのではないか、なぜイエスはそれらを有効に用いなかったのかと不思議に思うかもしれません。しかし、イエスが神の子としてもたらした救いは、苦難を受けることにおいて成し遂げられます。

イエスの人々を解放する行動、そして神の国を伝える言葉に人々は動かされました。けれども、ここでイエスを捕らえにきたのは群衆です。争いと裏切り、エゴイズムが生み出す疎外、紛争、憎しみ。現代社会にも、人間の持つ救いがたい罪の姿があります。

弟子たちは皆、イエスを見捨てて逃げてしまいました。最後までイエスの十字架の道についていくことはできませんでした。福音書記者マルコはそれを責めるというより、自分自身のことと受け止めていたのでしょう。マルコは、弟子たちのみならず、イエスについてきた若者が、人々が捕らえようとすると裸で逃げてしまったことを記しています。その若者の姿にマルコ自身の姿を見ようとする人がいます。逃げなかった者などいなかったのだ、と。

わたしだ

逮捕されたイエスはまず大祭司のところへ連れていかれ、ユダヤの最高法院が召集されて裁判が始まります。最高法院は当時のユダヤ人の自治機関であり、大祭司を議長とする七一人の議員で構成され、行政と司法の権限をもつ会議でした。

彼らは人目を忍んで、真夜中に集まりました。公正な裁判というよりも、イエスを有罪にする証言を探していました。しかし、見いだせませんでした。彼らはイエスが神殿を打ち倒すと言ったと主張します。しかし、神殿崩壊の預言がありますが、イエス自身がそれを行うと言っているわけではありません。

ここで印象的なことはイエスの沈黙です。その姿は旧約聖書の預言者イザヤが告げた「苦難のしもべ」の預言を思い起こさせます。

「わたしたちは羊の群れ　道を誤り、それぞれの方角に向かって行った。
そのわたしたちの罪をすべて　主は彼に負わせられた。
苦役を課せられて、かがみ込み　彼は口を開かなかった。
屠り場に引かれる小羊のように　毛を刈る者の前に物を言わない羊のように
彼は口を開かなかった」（イザヤ書53章6～7節）

苦しむ僕の姿です。人々の罪を負って苦しみを受け、死を迎える人の姿です。初代教会は十字架のイエスの姿の中に、この主の僕の姿を見ました。受難のイエスの沈黙も、そのように受け止められていたのでしょう。

イエスを反逆罪で有罪にすることはできないと見た大祭司は、宗教的な冒瀆の罪を告発しようと尋ねます。「お前はほむべき方の子、メシアなのか」（14章61節）と。「ほむべき方」は神のことです。イエスは「そうです」（14章62節）と答えています。この「そうです」という言葉は「わたしだ」とも訳せ、ギリシャ語では「エゴー・エイミ」という言葉です。「わたしはある」とも訳されます。旧約聖書では、神がモーセにご自身をあらわされたときに宣言された言葉（出エジプト記3章14節）でもありました。イエスはここで、はっきりと自分が神の子、メシアであることを認めています。

大祭司は自分の服を引き裂いて、冒瀆だと絶叫します。神を汚す言葉を語っていると。人々はイエスが神を冒瀆したとして、イエスを死刑に定めます。

ペトロの否認

ペトロはイエスに従い、大祭司邸の中庭に入りました。庭の外は暗がりですが、中では火がたかれていて明るく、その光に照らされてペトロの顔がはっきりと見えました。ある女性に「あなたも、あのナザレのイエスと一緒にいた」（14章67節）と言われて、彼は思わず、「違う」と言ってしまいます。「この人は、あの人たちの仲間です」とイエスの共同体の一員であることを指摘されると、再び打ち消します。今度は居合わせた人からガリラヤの人だと言われるに及んで、とうとう呪いの言葉さえ口にしながらイエスとの関わりを否認します。「呪いの言葉」とは「もし自分が語っていることが偽りならば呪われてもよい」と言い表したということです。

自分の人生を引き渡してしまうということが起こるのです。自分が何者であるかを、帰属を否定してしまいます。当事者であることから遠ざかります。遠巻きに見て、自分には関係ないとその関わりをなかったものにしてしまう。それはいかにも迫害が起こるような状況の中ではなく、夜陰にまぎれて人目を避けているようなときに、不意打ちで起こってきます。そこには、私たち自身の姿があります。

鶏が鳴きました。イエスがそう伝えていたように。あなたは鶏が二度鳴く前に三度、私を知らないというだろう、と(14章30節)。ペトロは、いきなり泣き出しました。それは主の言葉を思い出したからです。イエスの言葉はペトロが陥ってしまった深い淵の中で、光として差し込みます。

イエスの言葉は、ペトロに思い起こさせました。イエスはすでにペトロが否むことをご存じだったことを。にもかかわらず、イエスはペトロを招き、友と呼ばれました。どこまでも愛し通しておられるのです。ペトロは、そのイエスの愛に触れて涙に暮れたのではないでしょうか。その中にこそ、人がもう一度新しく生きていく種があります。

イエスの愛に触れて、ペトロに悔い改めが起こっています。後悔は、自分のしたことを悔いることです。どこまでも自分にこだわり、自分を中心に回っているだけです。それに対して、悔い改めるということは、方向を変えるということです。自分に向かっている思いを神に向けるのです。

イエスの十字架が語られるときには、いつでもペトロの否認と涙が語られます。ペトロはそれを引き受けました。いえ、しぶしぶではなく、そういう者であるということを喜んで。自分がすばらしかったからではない。ただただ神の愛が、イエスのまなざしが私を包んでくれる、私の人生とはそういうものだと。

ペトロは鶏の鳴いたあの夜明けを忘れることはありませんでした。そして教会もまた、そのことを忘れない。自らの正しさや大きさなど、そういうものによって立つのではないのです。神の愛に包まれて、イエスが「あなたを引き受ける、それが私だ」と言ってくださる、そこにイエスの姿があることにしか基盤はありません。イエスに従って歩もうとすることは、私たちが立派だからではない。誤り多き者を「にもかかわらず」イエスは赦し、用いてくださるのです。

ピラトのもとで

最高法院はイエスを死刑と宣告したのですが、死刑が執行されるためには、ローマ総督の法廷にイエスを訴え出て、死刑判決を得なければなりませんでした。夜が明けるとすぐ、長老や律法学者、祭司長たちはイエスを縛り、ピラトに引き渡しました。彼はユダヤの総督として紀元二六年から三六年の一〇年務め、その間にイエスの十字架という出来事がありました。

ピラトはイエスに「お前がユダヤ人の王なのか」（15章2節）と尋ねています。祭司長たちはユダヤの宗教的な理由で訴えてもローマ総督には通じないので、イエスをローマ帝国に対する反逆者として訴えることにします。ピラトはイエスに罪を認めませんでした。しかし、イエスの沈黙を前にして、不可解な思いを深めています。

過ぎ越し祭にあたって、ローマ総督は囚人一人を恩赦として釈放していました。ピラトは押しかけてきた群衆に「あのユダヤ人の王を釈放してほしいのか」（15章9節）と尋ねます。ピラトは最高法院の人々がイエスを引き渡したのは、ねたみのゆえであることを見抜いていたからです。そのねたみは、自らの権威がイエスによってむなしくされてしまうことからくるものでした。群衆は祭司長たちに扇動されて、イエスではなくバラバという囚人を釈放することを要求します。

群衆はイエスを「十字架につけろ」（13〜14節）と叫び続けます。総督ピラトの法廷は、群衆の怒号とそれをおさめようとするピラトの保身の場となりました。ピラトはイエスを鞭打って、十字架につけるために引き渡します。ピラトは、権力を持つ者のさまざまな現実の力に捕らえられています。保身へと誘惑する力が彼に働いており、罪なき方を十字架につける罪の器となります。

逮捕から裁判に至る過程の中で、イエスは全く無抵抗で、ほとんど何も語りません。受難物語で繰り返されるのは「引き渡す」（パラディトナイ）というギリシャ語の言葉です。これは受難予告にも使われていました。この言葉は「無力」を象徴しています。マルコはそこに、真のメシアの姿、自分を無にして仕える者となり、人々のためにいのちをささげる生き方を表したのです。

31 荊冠の主 15章16～32節

受難

イエスはローマの部隊に引いて行かれました。マルコによる福音書は十字架にかけられる前に総督の兵士たちによって、嘲りを受けたことを詳細に伝えています。それは尊厳を奪われた人の姿です。「紫の服」(17節)は王族の服ですが、兵士のマントを着せかけ、王の服に見立てたのでしょう。そして「茨の冠」(同)をかぶせます。苦痛を与えるためというより、さげすみのためです。そして、「ユダヤ人の王、万歳」(18節)と叫んで嘲り、王笏《おうしゃく》に似せた葦の棒でイエスをたたきました。兵士たちはイエスの無力をなじります。

部落解放を目指す全国水平社では、イエスがかぶせられた荊冠《けいかん》が受難と解放のシンボルとされました。牧師で神学者の栗林輝夫さんは著書『荊冠の神学——被差別部落解放とキリスト教』(新教出版社)によって、被差別部落の受難と共同体が受け継いできた歴史の豊かさに着目して、日本の社会におけるイエスの受難と十字架と受け止めています。「荊冠」は受難のシンボルであると同時に、「真の人」として生きたイエスの姿を示します。そして人間の歴史における受苦の出来事、理不尽な苦しみを負わせられ、尊厳を奪われた人々の声なき声を浮かび上がらせます。

十字架を担いだ人

イエスはたった五日前に、「ダビデの子」つまり、ユダヤ人の王、預言された救い主として、群衆の歓呼の中、エルサレムに入城しました。しかしこの日、彼は見る影もないみじめな姿で引かれていきます。イエス・キリストは十字架につけられるためにゴルゴタという刑場へと十字架を背負っていかれました。この道は「十字架への道行き」、「ヴィア・ドロローサ（悲しみの道）」と呼ばれます。カトリックでは、この道行きをたどる一五の場面の絵があり、それぞれのところで祈りをささげながら黙想する信心業があります。それは、イエス・キリストの十字架の出来事を過去のこととして終わらせるのではなく、今の時代において「自分ごと」として十字架を見つめるためです。

兵士たちは、シモンというキレネ人にイエスの十字架を無理に担がせました。キレネは現在の北アフリカで、当時は多数のユダヤ人がその地に居住していたといいます。イエスが肉体的な疲労と苦痛のため十字架を負うことが難しくなったからでしょう、見物人にすぎなかったシモンは、傍観者から無理やり当事者となったことで「この人は何者で、なぜ十字架にかけられなければならないのか」と「自分ごと」として考えざるを得なくなりました。それは「自分の十字架を背負って、わたしに従いなさい」（8章34節）という招きとなりました。後にシモンと妻、子どものアレクサンドロとルフォスもキリストの福音を伝える者となったと伝えられています。

彼らは十字架にかける

イエスが連れていかれたゴルゴタは「されこうべの場所」（22節）という意味で、エルサレムの城壁の外に位置していました。イエスは都の外で処刑されるのです。ヘブライ人への手紙13章12節には「御自分の血で民を聖なる者とするために、門の外で苦難に遭われたのです」と記されています。「門の外」とは治外法権の場所、故郷を追われて、国を追われて尊厳をはぎ取られる場所でした。それは社会の外側であり、喪失や「魂の暗い夜」を経験することによって新たな自己の姿を見いだす場であるということもできるでしょう。

没薬を混ぜたぶどう酒は強い酒で、これから味わうことになる苦痛をやわらげる効果があったといわれます。しかし、イエスはそれを受けませんでした。十字架刑は当時、ギリシア・ローマの世界で最も残酷な処刑でした。処刑に先立ち鞭打ち、十字架の横木を運ばせ、両腕を広げてくぎ付けにされて高く上げられます。はりつけは奴隷や暴力犯、ローマに反乱を犯した属州民に対する政治的、軍事的な処罰でした。見せしめのために人目につきやすい場所でさらし者にされました。

イエスが十字架につけられたのは、午前九時のことでした。マルコによる福音書では、「兵士たちはイエスを十字架につけて」（24節）と現在形で書かれています。これは、イエスを十字架にかけるということが目の前で起こっているように表そうとしてるのです。

兵士たちはイエスを十字架につけると、その服をくじ引きで決めて分け合いました。

初代の教会の人々はイエスの十字架の姿に、旧約の苦難を受けてうめく人々のことを思い起こしました。詩編の詩人は苦痛の極みにあったときに嘲笑う人々がいたことを記します。

犬どもがわたしを取り囲み　さいなむ者が群がってわたしを囲み
獅子のようにわたしの手足を砕く。
骨が数えられる程になったわたしのからだを　彼らはさらしものにして眺め
わたしの着物を分け　衣を取ろうとしてくじを引く。（詩編22編17〜19節）

衣服は体を覆い、守るものであり、その人自身を表すものでもあります。すべてをはぎ取られた姿でイエスは見捨てられ、不条理に苦しみを負わせられる者の一人となりました。

まことの王

イエスが十字架にかけられたとき、罪状書きには、「ユダヤ人の王」とありました。イエスを十字架につけた人々によれば、それはローマ帝国に反旗を翻した独立運動の指導者として処刑するという意味です。誤解に満ちた嘲りでありながら、同時に、神の救いの計画の中での真実を表しています。

この「ユダヤ人の王」には茨の冠、衣、葦の棒が用意されました。権威と力によってではなく、沈黙と弱さによって服従する姿は王とは全く逆の姿です。しかし神は十字架に至るまで従順であるイエスの姿に、「まことの王」「まことの救い主」を表されたのです。

道を行く人々は、頭を振りながらイエスをののしって、「おやおや、神殿を打ち倒し、三日で建てる者、十字架から降りて自分を救ってみろ」（29～30節）と言いました。それほどの力があるならば、「自分で自分を救ってみろ」と。「他人は救ったのに、自分は救えない。メシア、イスラエルの王、今すぐ十字架から降りるがいい。それを見たら、信じてやろう」（31～32節）と。

詩編の詩人の祈りが思い起こされます。

わたしは虫けら、とても人とはいえない。人間の屑、民の恥。

わたしを見る人は皆、わたしを嘲笑い　唇を突き出し、頭を振る。

「主に頼んで救ってもらうがよい。

主が愛しておられるなら　助けてくださるだろう。」（詩編22編7〜9節）

無力であること。傷つけられやすい者であること。

十字架のイエス・キリストは、ご自身をすべて与えつくされました。見捨てられた子どもたち、家のない人たち、難民たち、愛されず、忘れられ、一人ぼっちにされた、そのすべての苦しみをイエスは負われました。

誰に問うこともできず、絶望の中に身を置かなければならない一人が、その底で出会うのが十字架のイエス・キリストの姿です。誰も入っていくことができない。しかし、そこにはイエスがおられる。暗闇の中で神は沈黙しておられる。しかし、共におられます。

あなたもそこに
イエスの十字架の場面には多くの人がいます。十字架を嘲笑う人、無関心な人、見物する人、通り過ぎただけの人、逃げた人……。そうした中で、日常生活は続いている。十字架に向かうイエスの姿は、人の罪はさまざまな姿で現れるのだということを伝えています。それは、見たくない人の姿です。人間の醜さです。

しかしそれは人ごとなのでしょうか。イエスが十字架につけられたように、今、私たちの社会にも不条理に苦しむ人たちがいます。身近なところにも、争いが起こっている地にも。

一九八四年にアメリカ・ニューヨークの聖ヨハネ大聖堂に女性のキリスト像が十字架にかけられた姿で掲げられ、大きな論争を巻き起こしました。以前、超教派の礼拝で、それは性暴力にあった女性たちを覚えるためと紹介されたことがありました。暴力の犠牲となった人たち、侮辱されて尊厳を見失いそうになっている、灯火が消えかかっている、そういうときにイエスの十字架がそこにあります。そして、十字架のキリストの前に立つとき、私たちは見えなくされていた苦しみがあることを覚えるのです。

32 この人は本当に神の子だった

15章33～41節

なぜわたしをお見捨てになったのですか

「昼の十二時になると、全地は暗くなり、それが三時まで続いた」(33節)。イエスが十字架にかけられたのは真昼でした。しかし、そのとき太陽が光を失い、暗闇が地を覆ったのです。

私たちもまた、暗闇に向かい合わざるを得ない、見捨てられたと感じる経験をすることがあります。すべてが終わってしまったと絶望することもあるかもしれません。誰からの慰めの言葉も届かないような場所、一切の光が届かないような深い暗闇。イエスは一人の人間となって、その私たちの暗闇にまで、自ら降りて来られました。暗闇にとどまりながら、暗闇に追い込まれた私たちと何としてでも結びつこうとされました。

イエスはすべてに見捨てられたと感じる苦痛を叫びながら、その姿を通して、私たちに「あなたは独りではない」と語りかけています。「あなたは独りではない、私はここにいる。あなたの痛みの中に、あなたの苦しみの中に、私は共にいる」、そう語りかけています。

暗闇の中での激しい苦しみの末に、イエスはついに大声で叫びました。「エロイ、エロイ、レマ、サバクタニ」(34節)。それは「わが神、わが神、なぜわたしをお見捨てになったのですか」(同)という意味です。これは誤解されてきた言葉でもありました。「エリヤを呼んでいる」(35節)と勘違いした人たちもいた、とあります。そして後の人たちの中には、これは絶望の言葉ではなく、信頼の言葉として言ったのだという人たちもいました。神の子が神に見捨てられたと言って死んでいくことなど考えられないと。しかし、そうでしょうか。

イエスの十字架の死を正しく見つめるとは、イエスの死とそのとき全地を覆った暗闇を、自分自身の生活、自分が生きているこの社会において起こっている悲惨な現実と、そこを覆っている暗闇とのつながりの中で、自分自身の罪が生み出している悲惨な現実と重なり合うものとして見つめていく、ということです。

罪の内在性

不条理な死、どうして死んだのかを考えても理由がわからない。戦争や紛争の中で死んでいく一人ひとり。正義のために声を上げて、リンチによって殺された人たち。あるいは犠牲となっていった人たち、子どもたち。イエスの十字架の死は、その人々の絶望的な死と重なり合うのです。

そして、そこにはっきりとあるのは、人間の罪の問題です。私たちは通常、罪によって起こる出来事は、自分の外にあると考えています。それは何か特別な事情を持った人が限界的な状況の中で起こす出来事で、自分とは無関係だ。私は善良とまで言えるかどうかわからないけれども、人並みにそれなりに一生懸命、生きている。だから、罪とは関係ないと。

聖書は、その関係ないと思っている私たちを十字架の前に立たせます。

第二次世界大戦のときにドイツでユダヤ人を強制収容所に追いやり、虐殺していった人々。ナチス・ドイツのユダヤ人問題課長として、ヨーロッパ各地からのユダヤ人強制移住の責任者だったアドルフ・アイヒマンがイスラエルの法廷で裁かれた、いわゆる「アイヒマン裁判」が行われました。裁判を通してアイヒマンは、ほとんど表情を動かすことはありませんでした。ユダヤ人の哲学者ハンナ・アーレントは『イェルサレムのアイヒマン——悪の陳腐さについての報告』(大久保和郎訳、みすず書房)の中で、アイヒマンが、血も涙もない残虐な人ではなく、家族を大切にするごく普通の小心者の役人に過ぎなかったことを「悪の陳腐さ・凡庸さ」と書きました。

人類史上に残る大量虐殺という巨大な罪を犯した人間が、凡庸などこにでもいる人間だったということが、むしろ恐ろしいことだと問いを投げかけています。それは、誰もがアイヒマンと同じ状況になれば同じように命令に従い、同じことをする可能性があるということを意味するからでしょう。

ある方が「罪とは、個別に何をしたかということではなく、誤ったものについていった結果起こるすべてのことだ」と語られました。聖書で罪と訳されている言葉のもともとの意味は「的外れ」だといわれます。一生懸命であっても、誤ったものに従った結果、大きな罪を生み出す。それは、私たちの歴史が明らかにしていることであり、また私たち自身が経験していることでもあります。

十字架上のイエスは、神に見捨てられたという絶望の中で、なお神に「なぜ」と問いかけています。神との関係を失うことはなかったのです。それゆえに、イエスの十字架の死は特別な出来事です。理不尽に殺された多くの人々の絶望的な死の一つではなくて、それらの全ての絶望的な死を担う、特別な死です。イエスの十字架の死によって、罪の暗闇に閉ざされている世界に、新しい扉が開かれたのです。

イエスの死によって妨げが除かれた

イエスは大声を出して息を引き取られます。イエスの死によって、エルサレム神殿において聖所と至聖所を隔てていた垂れ幕が真っ二つに裂けました。至聖所は、神がご自身を現される場であると考えられていましたが、年に一度、大祭司のみが罪の赦しのための犠牲の動物の血を携えることによって入ることができました。それ以外のときに、また大祭司以外の者がそこに入ることを阻んでいたのがこの垂れ幕です。その垂れ幕が、イエスの死とともに真っ二つに裂けた。それは、もはやユダヤ人であれ、異邦人であれ、誰でも神の前に出ることを妨げるものはなくなったということです。

イエスは暗闇の現実の中で、「わが神、わが神、なぜわたしをお見捨てになったのですか」と叫びました。絶望や闇の中に閉ざされている私たちに、その中で神を「わが神」と呼び、「なぜわたしをお見捨てになったのですか」と問うていく道を開いたのです。

イエスの十字架の死によって与えられた赦しの恵みによって、私たちは、神に見捨てられてしまったとしか思えないような苦しみ、悲しみ、絶望の中で、なお神から離れることなく、神の前に出て神に語りかけ、神からの言葉を聞きながら生きていくことができるようになりました。

本当に、この人は神の子だった

十字架のイエスを見ていた一人の人がいました。それは、ローマの百人隊長、兵卒の責任者です。異邦人であり、死刑を執行する小隊の指揮者であり、死刑執行人です。イエスがこのようにして息を引き取られたのを見た百人隊長は、「本当に、この人は神の子だった」（39節）と言いました。

彼はイエスの方を向いて、そばに立っていました。十字架につけられたイエスに面と向かって立っています。十字架のイエスは自分と無関係な人ではなく、自分が十字架につけたのだと認め、はっきりと意識したときに、「本当に、この人は神の子だった」という告白が起こります。最もみじめな者とされた存在が、最も尊い存在であるという、マルコによる福音が明らかにされています。

私たちを愛して独り子を十字架にかけるような神を、私たちは知らず、聞いたこともありませんでした。

イエスが神の子であることを本当の意味で告白したのは、ユダヤ人ではなく異邦人です。「神の子イエス・キリストの福音」は十字架によって敵意を滅ぼし、民族主義を超えて、すべての人の救いとなるというメッセージが響いています。十字架につけられた神の前に立った百人隊長は、私たち一人ひとりの姿でもありましょう。十字架の前に立つとき、人は知ります。私の罪はいかに深く、大きいのかを。そして、神の愛は計り知れないということを。

ここで私たちは、イエスの苦しみ、十字架の死、人々の嘲りのすべてを遠くから見守っていた女性たちがいたことを知らされます。マグダラのマリア、小ヤコブとヨセの母マリア、そしてサロメの名があります。マグダラはガリラヤ湖南西の地です。そこからイエスに従ってきた女性です。ヤコブとヨセの母は二人の息子がイエスの弟子となり、共にイエスを支えていました。サロメはゼベダイの妻、ヤコブとヨハネの母だと推察されています。

彼女たちは目立たないように一部始終を見続けていました。イエスの弟子集団は男性のみとイメージしやすいのですが、福音書記者はイエスと共にエルサレムに来た女性たちが大勢いたことを明らかにしています。

この女性たちはイエスがガリラヤにおられたとき、イエスに従い、仕えていました。「世話をしていた」(41節)と訳されている言葉は、本来、「仕えていた」と訳される言葉です。この女性たちはイエスが求められた十字架を背負って「従う」こと、「仕える」ことを行った、そう証言しています。イエスはすべての人のあがないとして、いのちを差し出しました。「あがない」は奴隷を解放して自由民とするための代金のことを表していました。イエスのいのちは社会の周縁に追いやられて、生きづらさを覚える一人ひとりが、与えられたいのちを自由に生きていくために、ささげられました。イエスご自身が「仕える」者となり、苦しみを通していのちを与える者となられたのです。

33　いのちの終わりはいのちの始め

15章42節〜16章8節

見つめていた

イエス・キリストが十字架上で息を引き取られたのは、金曜日の午後三時頃でした。その日の夕方、遺体は埋葬されています。埋葬をしたのはユダヤの身分の高い議員であるアリマタヤのヨセフでした。ヨハネによる福音書19章38節には、「イエスの弟子でありながら、ユダヤ人たちを恐れて、そのことを隠していた」とあります。そのヨセフがイエスの遺体を引き取りに行きます。ヨセフの保身を揺り動かすほどの、十字架との徹底的な出会いがあったのです。

「マグダラのマリアとヨセの母マリアとは、イエスの遺体を納めた場所を見つめていた」(15節47節)と記されます。「見つめる」という言葉は、ただじっと眺める、という言葉ではありません。そのことの意味を見いだそうとしてたたずむ、ということです。彼女たちはイエスの遺体を納めた墓石を見つめながら、この短い間に起こった出来事を何度も何度も振り返っていたのではないでしょうか。

十分な処置を施すこともできないまま、安息日の夕刻になってしまいました。ユダヤでは一日は日没から始まり、翌日の日没に終わります。安息日である土曜日には、葬りのために何もすることができません。土曜日の安息日が終わって、葬りのための香料を買いに行き、日曜日の朝早くにマグダラのマリア、ヤコブの母マリア、サロメは墓へ向かいました。彼女たちは、愛する者の遺体を丁寧に弔いたいと願ったに違いありません。

この当時のユダヤの墓は岩を掘って、その入り口を円形の石でふたをする構造でした。日本の墓地の風景と、このユダヤの墓地は大きく異なります。異ならないのはその下に納められているのは、一様に死んだ人であるということでしょう。人は、墓が最終地点であると考えます。どんな人間も、その一生の間いろいろなことに喜び、苦しみ、嘆き、生きているけれども、死んだら皆等しく墓に入り、それですべては終わるのだ、と。

愛する者の死への道行きに何の援助もできないまま、ただ手をこまねいて遠くから眺めることしかできない、こんなにつらいことはありません。何とか生かしてあげられなかったのか、救うことはできなかったのか、それは無理でも、もっと寄り添えなかったのかと。墓は、そうした私たちの無力をも伝えているかのようです。私たちの世界には罪があり、限界があり、弱さがあり、裏切りがあります。死はその結果だと見えます。墓をふさいでいた大きな石は、そうした私たち自身が乗り越えられない隔ての壁、人を死に閉じ込めるものを象徴しているということができるでしょう。それは、誰にも取り除くことはできないと思われていました。

墓へ向かった彼女たちは、死の方へ向いていました。そこは終わりの場所でした。いわば彼女たちは「終わり」を見つめていたのです。

ここにはおられない

墓へ向かった女性たちにとって大きな問題は、誰が墓の入り口からあの石を転がしてくれるか、ということでした。しかし、非常に大きかった石は取り除けられていました。それは、死によって断絶される現実が、取り払われたということです。

「あなたがたは十字架につけられたナザレのイエスを捜しているが、あの方は復活なさって、ここにはおられない。御覧なさい。お納めした場所である」(16章6節)

あの方は復活された。白い長い衣を着た若者、神の言葉を伝える人が告げました。「復活なさって」は直訳すると「起き上がらされて」となります。神がイエスを復活させられたのだということです。復活は神の行為です。

あの方は復活された。これがキリスト教信仰の出発点です。人の死ですべてが終わり、閉じられるのではない。神がそのいのちをつかさどり、神との永遠の関わりの中で生かしておられる。人の目から見た終わり、それは新しい始まりであり、神が始められる世界が広がっていきます。

十字架につけられた神の愛を知り、信じた人は、自分のいのちと死を神に委ね、新しい人間となります。それが洗礼によって与えられることです。

イエス・キリストは墓にはもはやおられない。墓ではなく、私たちのいのちを与えられた方のもとにおられる。主の復活を信じる者にとって、墓はそのことを思い起こし、記念するところです。死者と向き合う場であると同時に、天を見上げる場なのです。そこに、イエスの復活を告げる言葉がありました。それは救いを知らせる言葉でした。死がなくなることではありません。私たちは皆死すべき存在だからです。そこにあったのは、死の中での救いです。

ガリラヤへ

マグダラのマリアたちは弟子たちとペトロに告げるようにと命じられます。「あの方は、あなたがたより先にガリラヤへ行かれる。かねて言われたとおり、そこでお目にかかれる」（16章7節）。弟子の中でペトロにと念を押しているのは、ペトロが主を否んだということがあったからでしょう。女性たちに与えられた使信は、赦しと回復、そして再出発の約束でした。

ガリラヤは、弟子たちが生活をしていた地であり、イエスと出会った地でした。あなたが生活してきたその場へ行きなさい。それは戻るのではなくて、新たに出発しなさいということです。そこには、周縁へ追いやられてつらい思いをしている人、生きる糧を奪われている人、尊厳を傷つけられている人たちがいるでしょう。互いに支え合って、一人ひとりのいのちが輝く場をつくっていきなさい。神の国のネットワークがそこに生み出される。私が先に行って、働いているのだから、と。

聖書が伝えていることは、客観的に見て復活がどのようなものだったのかということではありません。イエス・キリストの十字架と死に向き合った一人ひとりが、復活したイエスと出会うことを通じて、死んだら終わりという不安やあきらめ、絶望が私たちの人生の最後ではないと伝えられたのです。それが私たちの人生の終わりにあるものではない、ということに気づいたのです。神は死によっても滅ぼされない愛をもって、私たちを愛しておられる。復活とは、そのことです。

十字架は私たちにとって、現実感があります。世界に暴力がはびこり、弱い者が、力ある者、権力を持っている者に殺されていく現実です。イエス・キリストはその一人となられました。聖書はその人間の罪の姿をさまざまな形で伝えています。しかし、それが最終的なものではない。最後に残るのは罪ではなくて、愛なのだと。

人生の始めに、その最中に、そして人生の終わりに、神の愛がある。マルコによる福音書にとって、ガリラヤとは、イエスとの出会いが始まり、すべての言葉が語られ、業が行われた場所です。帰っていくところはイエスとはじめに出会った場所です。そのときそのとき、弟子たちや女性たちは、イエスが語られたこと、行われたことの本当の意味がわかりませんでした。

しかし今、復活の光の中でもう一度ガリラヤへ行きなさい。そうすれば、そこでお目にかかれる、と言われます。神がこれからなそうとしておられることに信頼して歩みを起こす人たちは、ガリラヤでイエスと出会い直し、復活の光の中で、その言葉に聞き従い、その行いに参与するものになります。こうして再び出会いが与えられます。

ガリラヤとは、復活のキリストと出会うためにいつも私たちが出かけていく場です。今日も私たちはよみがえりのキリストと出会うために、礼拝をささげます。そして、よみがえりのキリストと共に新しく生き始めるのです。

伝えなさい

イエスの死、埋葬、空になった墓のすべての場面で、女性たちは粘り強くイエスに寄り添います。墓で主のよみがえりを伝えた若者は、彼女たちに「さあ、行って、弟子たちとペトロに告げなさい」（16章7節）と語ります。従い、仕えていた女性たちが、主の復活を伝える宣教の主体として派遣されます。それは福音書記者が伝えてきた弟子の姿です。しかし、女性たちは驚き、逃げ出し、震えあがり、誰にも何も話せないほど不安と恐れの中にいました。

弟子たちはその女性たちから、キリストの復活を、そして新たな出発への招きを聞いたでしょう。女性には公の場で発言することや裁判の証言が認められていなかった当時の事情を考えると、復活の第一の証人が女性たちであるということが、どれほど大きな衝撃をもって迎えられたか想像することができます。

そしてもう一度、マルコによる福音書の冒頭、「神の子イエス・キリストの福音の初め」に戻っていきます。福音の初めを繰り返しやり直し、新たなステージ、段階へと進んでいきます。「先にガリラヤへ行く」とのイエスの言葉は、新たに人々のいのちを支え、和解へ導く弟子への招きです。

挫折を経験したり、大きな困難に出会ったりするとき、いつも思い出す言葉があります。「信仰者にとって、終わったと思うところがいつも始まりです。そこから神さまの支え、力が始まるのです。そこで、私たちは、平安を受け取ることができるのです」。

宗教改革者のマルチン・ルターは、教会とは「慰められた絶望に生きる場」と語りました。絶望を知らないのではない。絶望はあります。しかし、それは神の愛によって包まれている。その静かな喜びの中で、新たに生きていきます。

34 派遣　16章9〜20節

加えられた結び

マルコによる福音書では復活の証言は、空の墓によって指し示されています。マグダラのマリア、ヤコブの母マリア、サロメが墓へと向かい、そこで天使からイエス・キリストが復活されたこと、ガリラヤへ行くようにペトロたちに伝えなさいと告げられました。復活が知らされたのは女性たちでしたが、彼女たちもそこから逃げ出してしまいます。「だれにも何も言わなかった。恐ろしかったからである」（16章8節）がマルコによる福音書の結びの言葉です。これは随分と唐突な終わり方だと感じられるかもしれません。

16章9節以下には、「結び一」という小見出しがつけられています。かっこの中に入れられているのは、もともとはなかったものが後に書き加えられたという印です。他の福音書では復活されたイエス・キリストと女性たちや弟子たちとの出会いが記されていますが、マルコ福音書にはそれがありません。マルコの意図だったとも考えられますし、もともとあったのが失われたのか、書けないまま終わってしまったのか、諸説あるようですがはっきりしたことはわかりません。

後の時代の人がほかの福音書からもってきて加えられたのが、この結びです。二つの結びが伝えられていて、「結び二」は20節の後に記されています。

マルコによる福音書をここまで共に歩んできた人が、復活のイエス・キリストと出会った一人として、その信仰の告白として記したのでしょう。

復活のイエス・キリスト

イエス・キリストは復活して、最初にマグダラのマリアに現れました。これはヨハネによる福音書20章14節に記されています。彼女が七つの悪霊を追い出してもらったという伝承は、ルカによる福音書8章2節によるものです。マグダラのマリアの名は紀元一世紀には、復活の証人として教会の人々に覚えられていました。イエス・キリストが彼女に出会われたのは何のためだったのでしょうか。

「マリアは、イエスと一緒にいた人々が泣き悲しんでいるところへ行って、このことを知らせた」（10節）とあります。イエスと一緒にいた人々とは、弟子たちのことでしょう。彼らが泣き悲しんでいたのは、ただ主の死を悼んでいたというだけではありません。主を裏切り、見捨てた、自らの罪を深く思って、彼らは打ちのめされていました。その弟子たちのところへ、主の復活を知らせに行ったのがマグダラのマリアでした。復活の顕現は、派遣と結びついています。マリアは「告げ知らせる」役割をいただいたのです。

マグダラのマリアはイエスによっていやされ、「いのちの全体性」を取り戻した一人でした。彼女はイエスに従い、仕えることに生きる希望を見いだしていました。マグダラのマリアにとって、イエスが十字架にかかって死なれたことは「悲しいこと」でした。悲しみはなくならない、何をもってしてもその悲しみを埋めることはないかもしれません。けれども、復活されたイエスに呼びかけられた今、それはただ「悲しいこと」ではなくて、かけがえのない「大切なこと」になりました。

復活の主に出会ったこの女性は、「大切なこと」を周りの人に伝える使命を抱いて生きる者へと変えられていきました。そのことによって、マリアはいつもイエスの死といのちを身に帯びて生きたのです。

信じることができない者に

マグダラのマリアによって主の復活を知らされた人々は、「信じなかった」とあります。信じなかったというのは、復活そのものを信じることができないということでしょう。しかし、それだけではありません。彼らは聞いたけれども信じなかったのです。

そしてイエスはマグダラのマリアだけでなく、別の二人の弟子たちにも姿を現されました。これはルカによる福音書24章13～35節の「エマオ途上の二人の物語」によるものです。二人の弟子が田舎の方へ歩いて行く途中、イエスがご自身を現されました。二人も行って、他の弟子たちに伝えたのですが、やはり彼らは信じませんでした。

復活のイエス・キリストとの出会いを伝えても、信じない。信じられないのです。なぜでしょうか。復活ということを合理的に考えて受け入れることができないという面もあるでしょう。それ以上に、弟子たちが信じられないのは、イエス・キリストに従っていったにもかかわらず、イエスは捕らえられて殺されてしまった。自分たちのやっていたことは無意味だったのではないか、無駄だったのではないかとの思いがあったからです。そして、自分たちも同じような目に遭うのではないかという恐怖もあったかもしれません。そういう惨めさや苦しみの中で心を閉ざしてしまっている。それが「信じられない」ことなのではないでしょうか。人は絶望の中で心の戸を閉めてしまいます。

私たちにもそのようなことが起こってきます。信じていたにもかかわらず襲ってくる苦しみの中で、心を閉ざしてしまうことがあります。「イエスは生きておられる」と知らされても、受け止めることができないのです。

その後、一一人が食事をしているときに復活の主が現れます。心を閉ざしている中で共にしている食卓。イエスはそこで「不信仰とかたくなな心をおとがめになった」（14節）とあります。イエスがとがめられたのは、弟子たちが逃げ出したからではありません。そうではなくて、「イエスは生きておられる」ということを受け入れ、信じることができないためです。希望を失い、疲れ果てている弟子たちの「不信仰とかたくなな心」はイエスが与えられる慰めを拒んでいます。とがめられたのは、固く閉じられた心の扉をたたくためでした。

復活のキリストと出会った人々の姿は、「信じられない」私たちの姿ともいうことができます。そして、そのような一人ひとりに呼びかけてくださるイエスがおられることを伝えています。

和解の使命

しかし、なぜ彼らにそれを伝えられたのでしょうか。それは、何よりも彼ら自身が証人となるため、そして主の復活を伝えるように派遣されるためです。

イエスは言われます。「全世界に行って、すべての造られたものに福音を宣べ伝えなさい」（15節）。信じることができなかった、最も資格のない者が、今、証人とされようとしています。復活のキリストは不信仰きわまりない者に、全世界へ行って伝えなさいと命じています。不信仰を悔い改め、心を入れ替えてから後、出かけていきなさいと言われているのではありません。そうではなくて、不信仰のまま主の委託に応えるのです。

私たちの不信仰は私たち自身でどうにかできるものではありません。むしろ、私たちの不信仰は主のよみがえりによって、すでに乗り越えられています。そこにしか、私たちの不信仰をいやすものはありません。それを受け入れるところにしか、私たちの不信仰からの救いはないのです。

そして復活のキリストは、使命を与えられます。ここで「全世界」と「すべての造られたもの」と言われているのは、自然や人間、神に造られたものとの和解を使命として与えられているということです。すべてのものが、神をほめたたえるものとなる。神はそのことのために、私たちを必要とされます。

新しい言葉をもって

派遣された一人ひとりは悪霊を追い出し、新しい言葉を語ります。それはイエスがなさっていたことです。人々の間で手を置き、触れ、病をいやし、ケアをする、人々との交わりを回復する業です。弟子たちはその後、「手で蛇をつかみ、また、毒を飲んでも決して害を受けず、病人に手を置けば治る」（18節）と伝えられます。その業は、自分の能力や持てるものによるのではなく、今もなお生きて働いておられる復活のキリストの恵み以外何ものでもないということを経験していきました。

弟子たちは出かけていって、至るところで宣教しました。主は彼らと共に働き、彼らの語る言葉が真実であることを、それに伴うしるしによってはっきりとお示しになりました。弟子たちの宣教は何よりも、天に上げられた主が共に働かれることの証しに他なりません。弟子たちが出かけていったところで、復活のキリストを信じる人々が起こされていきました。洗礼が授けられ、そこに信じる者の群れが生まれました。

遣わされた人は神の力、聖霊によって言葉が与えられます。不信仰で破れ多い者が、復活のキリストとの出会いによって生かされ、遣わされていく。そして与えられた言葉によって、大切な一人に福音を手渡していきます。それは無償の喜びではなく、十字架を通して与えられる喜び、復活のいのちへ招かれる喜びです。その喜びの輪の中に、主は今も私たち一人ひとりを招いておられます。

おわりに

本書を手に取り、共に福音の旅を続けてくださった方へ。

二〇二二年のクリスマスを迎えようとしています。世界に、日本に荒れ野が広がっているように感じられた年でした。争いと分断、奪われていく〝いのち〟があります。コロナ禍で垣間見えたのは、人は壊れやすい存在だということでした。同時に、荒れ野に花が咲くことを預言し、救いが与えられることを待ち望んだ人々がいたように、このときも和解といやし、神の平和のネットワークのために働く人たちがいることを覚えています。マルコによる福音書はそうした私たちの苦闘に寄り添い、福音が伝えられることの喜びへと招き入れています。

マルコによる福音書の特徴は、イエスの生と死を刻みつけるように伝えていることです。福音書を読むことによって、自分の生を、社会のあり方を問い直す。それは知的な作業というに及ばず、そこに感覚性、相互的感性というものが働いています。

それぞれの福音書には独自の語り口がありますが、マルコによる福音書は周縁に置かれた側の視点に立って福音を伝えています。本書ではその視座を大切にしたいと願っています。女性たちの姿を浮かび上がらせようという試みもその一つです。聖公会神学院で「女性の視点で聖書を読む」という講座を担当してきました。「女性の視点」とは何だろうかと問う中で、性差に限らず、共同体の片隅に追いやられて語ることを期待されず、沈黙を強いられてきた側の言葉を聞いていくことにあるのではないかと語り合いました。マルコはその厳しい状況を強調するよりむしろ、イエスの福音の光が当てられることによって、それが豊かさとなることを示唆していると思います。

マルコが語る「福音」は抽象的なものではなく、具体的な痛みや苦しみの中にあります。そこに、神の子イエス・キリストが共にいてくださった、肉体を持って歩まれたということの親しさやあたたかさがあります。そのイエスが伝えた神の愛に応答して、宣教を共に担っていった無名の人々の感謝と賛美が伝わってきます。

会話がよく知った間柄で互いの親密さを確認し合うことだとすれば、対話は互いの相違を認めたうえで交わされ、新たな世界を開くことです。教会で礼拝のたびに「信」へと導かれてきました。また、社会の現実のただ中で福音はどのように語られるのか、キリスト教主義の学校、日本キリスト教婦人矯風会やＹＷＣＡ、ＹＭＣＡなどキリスト教を基盤として平和、人権のために働く団体など、さまざまな場で対話を与えられてきました。初めて聖書の福音に触れる人たちにどのように伝えたらよいのか、そこにいる一人が課題としていることは何だろう。出会った人たちに教えていただいてきました。問われたり、語り合ったりしたことも本書の内容に反映されています。そうした架け橋の一端を担うことができればと願っています。

神学書、書籍からの学びと刺激は常に私を問いの前に立たせます。本書で紹介したのは、そのような対話を与えられてきた書籍です。本文中に記載していませんが、執筆にあたって多くの注解書や説教集などを参照しています。ＮＣＣ（日本キリスト教協議会）など、エキュメニカルな集いで神学の対話をする機会が与えられたことも感謝でした。

本書の原稿について経堂緑岡教会の聖書研究祈祷会で共に読み合い、質問や感想を述べ合う時を持ちました。参加してくださった方々との協働によるものです。毎週の礼拝、聖研祈祷会を祈りをもって支え、共に言葉を生み出してくださる皆様に心からの感謝をささげます。

本書の出版はシスターフッド（共通の目的を持った女性同士の連帯）の賜物によって支えられました。編集を担当された市川真紀さんは常に励まし、導いてくださいました。画家の眞野眞理子さんには作品を表紙の絵としてご提供いただきました。河野貴代美さん（元お茶の水女子大学教授）、山田泉さん（元ＮＨＫ出版編集者）は原稿を全編読んで、表現や内容について助言をくださいました。松井弘子さん（日本キリスト教婦人矯風会ＨＥＬＰ施設長・理事、恵泉女学園史料室委員）には働きに基づいたアドバイスをいただきました。感謝いたします。シスターフッドを紹介、実践してこられた一色義子先生（元日本キリスト教婦人矯風会会長、元恵泉女学園理事長）は私の前々任の牧師であり、同じ礼拝にあずかり、支えられている恵みを覚えます。

この数年で、伝道者として福音を伝えることに専心してきた私の両親と夫の両親を天に送りました。父は牧師、母は伝道師で、義父は牧師、義母は信徒という異なる背景や経歴を持ちながら、不思議な共通点があったことを思い起こします。他の人がつきあいをやめるような場合でも、その一人とあきらめず寄り添っていく姿を見せてくれていました。福音を手渡す苦闘、現場に身を置くことの喜びと痛みを手渡されているように思います。

常に傍らで励ましてくれる夫と三人の子どもたちにも感謝を込めて。

二〇二二年一二月クリスマスに　平和を祈りつつ

増田　琴

增田　琴　ますだ・こと

東京都生まれ。東京神学大学大学院修了後、国立教会、札幌教会を経て、キリスト教主義フリースクールで働く。その後、氏家教会牧師・付設幼稚園園長。巣鴨ときわ教会牧師を経て、2015年より経堂緑岡教会牧師。聖公会神学院（キリスト教倫理）、放送大学（死生学）、恵泉女学園中学・高等学校（聖書科）で非常勤講師を務める。

共著に『キリストの復活――レントからイースターへ』（キリスト新聞社）、『牧会ってなんだ？――現場からの報告』（キリスト新聞社）、『洗礼を受けるあなたに――キリスト教について知ってほしいこと』（日本キリスト教団出版局）など。共訳に『みんなで輝く日が来る――アイオナ共同体賛美歌集』（日本キリスト教団出版局）、『つかわしてください――世界のさんび 2』（日本キリスト教団出版局）他。

日本音楽著作権協会（出）許諾第2210033-201号

マルコ福音書を読もう　いのちの香油を注ぐ

2023年1月25日　初版発行

著　者　増　田　琴
発　行　日本キリスト教団出版局
169-0051　東京都新宿区西早稲田2丁目3の18
電話・営業 03（3204）0422、編集 03（3204）0424
https://bp-uccj.jp

印刷・製本　開成印刷

ISBN 978-4-8184-1123-4　C0016　日キ販
Printed in Japan